一流刑事VS.一級泥棒

捜査第一課の光と影

飯塚訓
Iizuka Satoshi
元刑事官

さくら舎

はじめに

日本の犯罪者でプロがいるのは、泥棒だけだ。いわゆる「職業的常習窃盗犯罪者」というヤツである。だから、「にい・さん・ご刑事」（刑法第二三五条　窃盗の罪）とか、「泥棒刑事」とかを自称する刑事たちは「諸悪の根源は泥棒にあり」として、日夜泥棒を追っているのだ。捕まえるヤツの刑事と、逃げるヤツの泥棒とのエンドレスの闘いであり、知恵比べでもあるのである。

犯罪の中で、無から有を探すという捜査は、窃盗犯捜査だけである。犯人と被害者との間に接点がないのである。窃盗犯罪の現場は、多種多様だ。犯行時間帯も、みな違う。泥棒の手口もいろいろだ。鑑識活動や〝聞き込み捜査〟〝張り込み捜査〟〝的《まと》わり捜査〟そして、手口の研究等々、捜査の基本は泥棒捜査にあるのである。

殺人や強盗、強姦、放火など、凶悪犯罪を担当する「強行犯捜査」のような派手さはないが、「泥棒刑事」には高い誇りがあるのだ。

「職業的常習窃盗犯罪者」というのは、刑務所の高い塀の内と外を出たり入ったりしている盗人《ぬすっと》の常習者で、人生の大半を塀の中で送る懲《こ》りない面々なのである。

彼らのいう塀の中は、罪を償《つぐな》い、真っ当な社会人となるための矯正施設では、決してなく、

〝今度こそ捕まらないように〟と究極の手口を学ぶための情報交換の場であり、手口を研究する学校のような施設であるのだ。

刑期を務め終えた者は、身元引受人がいる者は塀の外で引き渡し、誰もいない者は最寄りの駅まで送り、そこで放たれるのである。「もう戻ってくるんじゃあないぞ」と、期待のない言葉をかけるだけで、あとはどこに行こうが、全くかかわりのないことである。

彼らには、友人もいないし、待っている家族もいない。それでも、ほとんどの者は帰巣本能で、生まれ故郷に帰ってくる。

「○○が出所《でた》らしいぞ」と、待ち構えているのは、捕まえる側の刑事《でか》たちだ。出たら真っ先に馴染みの刑事のいる刑事部屋《でかべや》を訪ねるヤツもいる。

「おおっ、○○ちゃん元気か……」と長いつき合いのベテラン刑事が迎えて、茶菓子でもてなす。誰が見ても仲の良い友人同士のように、和気藹々《あいあい》だ。刑事と泥棒が最初に出会ってから二〇年、三〇年と交流?が続いている友人同士のような絆だって、生まれる。その長いつき合いの中で、様々なドラマも展開されているのだ。

刑事が泥棒に頼まれて、結婚の仲人をしてやったり、身元引受人になったり、服役中に亡くなった母親の葬儀を出してやったりしてやる。高校に入る息子の保証人になってやるなどの面倒を見てやる刑事だっているのだ。

刑事を親のように慕《した》いわがままを言う泥棒。裏切られると思いつつも、一人ぐらいは更生させて真っ当な社会人になってもらいたい、と懲りずに面倒を見る刑事。だが、ヤマ（犯罪）を踏んだら捕まえるのは俺だ、と常にその動向からは目を離さない。

しかし、捕まえるヤツの刑事と捕まるヤツの泥棒にも、相性というものがあるのだ。刑事と泥棒の不可思議で奇妙な人間関係。まさに〝事実は小説より奇なり〟なのである。

第二章　刑事とドロボーの宿命

第三章 お祭り泥棒

一流《いちりゅう》刑事《けいじ》VS.一級《いっきゅう》泥棒《どろぼう》

——捜査《そうさ》第一課《だいいっか》の光《ひかり》と影《かげ》

第一章　ジンとネコ

泥棒月間

警察というところは、何かと、「月間」と銘打って、所轄《しょかつ》間、署員同士を競《きそ》わせ、検挙件数を上げようとする組織である。それは、〝検挙に勝る防犯なし〟という固定観念からでもある。「暴力犯罪取締り強化月間」「銃砲刀剣類等所持取締り月間」「麻薬覚醒剤等薬物取締り月間」「交通死亡事故抑止月間」等々あるが、何といっても全署をあげて取り組む表看板は、刑事たちが言う「泥棒月間」、即ち「既届《きとどけ》盗犯取締り検挙月間」なのである。

これらの成果は、警視庁、道府県警によって違いはあるが、多くの県警では毎年一月に行われる、新年初の署長会議で行われる総合表彰や各部門ごとの本部長表彰によって評価されるのである。

何度も本部長の前に進み出て、誇らしげに胸を張って表彰状を授与される署長もいれば、一度も呼ばれずに、目線を落としたまま他署の表彰に力のない拍手だけを送っている署長もいる。署長会議を終わって機嫌良く帰って来る署長と不機嫌を露《あら》わにして帰ってくる署長。迎える署員たちにとっても悲喜こもごもの一日であるのだ。

刑事部屋

一九八五年五月。春の既届盗犯取締り検挙月間が、スタートした。群馬《ぐんま》県下最大規模署である高崎《たかさき》署の刑事部屋は、獲物を追うデカたちで沸き上がっていた。

「いいか、ネコは絶対に他署《ほか》に持っていかれるんじゃあねえぞ！　捕まえるまで帰《けえ》って来るな！」

捜査一課長関川仁《せきかわじん》警部のよく通る声が署の三階にある刑事部屋に飛ぶ。

刑事部屋の朝は、喧噪《けんそう》の中にある。検挙月間は所轄同士の争《あらそ》いだけでなく、デカ同士の争いでもあるのだ。泥棒刑事たちの闘いは、月間の準備期間として、二ヵ月前の三月頃からすでに始まっている、各班ごとにメボシをつけた窃盗容疑者の内定捜査を行っており、月間のスタートと共に、容疑者を引っ張って来る準備を進めているのである。メボシをつけた容疑者の行動確認をして、ヤサ（居場所）を突き止め、グニヤ（質屋）を回って、贓物《ぞうぶつ》（盗品）から被疑者を割ったり、既に証拠をつかんでおり、いつでも逮捕出来るのであるが、わざと泳がしておいてヤマ（犯罪）を踏ませるだけ踏ませて、余罪件数を増やそうとしているデカもいる。

〝捕まえてナンボ〟の刑事たちにとって、仁義なき闘いでもあるのだ。

そんな中で、泥棒刑事たちに挑戦するかのように、高崎、前橋《まえばし》市を中心に県下《けんか》で、空き巣、車上、事務所、出店荒らしなどの窃盗被疑事件が頻発しているのであった。

大物を捕まえれば、検挙件数は、一気に上がる。コソ泥を一〇人捕まえても件数は数十件だが、「いいドロボー」なら、余罪は一人で数百件と出る。いわゆる「職業的常習窃盗犯罪者」だ。そのプロの盗人の中でも超大物といわれるのが、「ネコ」という異名で知れ渡っている怪盗なのである。

だが刑事らに檄《げき》を飛ばしている関口警部も、まだ、怪盗ネコと出会ってはいないのだ。県警最大規模の面子《メンツ》にかけても他署に持っていかれてはならないのである。

高崎署の刑事部屋は、四班体制となっている。班長は警部補で、班員は四人。班同士でもデカ同士でも競い合う。各班、各刑事は捜査情報を決して、漏らさないように気をつけている。

その日の捜査の打ち合わせをしていると、隣の班員が聞き耳を立てている。

被疑者宅に行くと、その女房が「うちの人、さっき刑事さんが二人来て『ちょっと話を聞かせてくれ』って連れて行きましたよ」と言う。驚いて署に帰ると、隣の班が調べていた、ということだってあるからだ。

「汚《きた》ねえマネするじゃあねえか、刑事道《けいじどう》に反するぜ」

「うちだって内偵《ないてい》していたヤマ（犯罪）だよ、そっちこそ刑事道に反するいいがかりだぜ」

月間に入ると刑事部屋の空気も、ピリピリと緊張し騒然としてくるのである。

月間の初日。四班八組のデカ達が、一斉に窃盗被疑者を引っ張ってくる。

「ちょっと話を聞かせてくれるかい」などと言いながら、任意同行して来る。「ちょっと」と連れて行かれ、一年も三年も、帰って来られないのもいる。内偵捜査で証拠が固まっていて、既に逮捕令状を執《と》って、手錠付きで、胸を張って連行して来る組もある。

「スケ（女）はいねえか」

関川一課長が笑いながらデカ長たちに、聞く。口あけは女の身柄がいい、というのが昔からのゲン担ぎなのだ。

「今年はいませんねえ」

清水《しみず》という姓ゆえに次郎長《じろちょう》と呼ばれる小林《こばやし》班のベテランデカ長が、笑って言う。関川は部下にニックネームを付けるのが好きだ。面白いことに、次郎長巡査部長の上司である小林警部補は、〝小政《こまさ》〟と呼ばれるのだ。デカ部屋には、三班に小林という巡査部長がもう一人いるが、大柄の彼は、巡査部長だが〝大政《おおまさ》〟だ。関川は侠客《きょうかく》で有名な清水次郎長一家が好きなようだ。

このデカ長の次郎長刑事、新入り刑事の指導担当でもあるが、「井野《いの》刑事行くぞ」と春の人事異動で刑事になったばっかりの若い井野に言って出て行く。そして高崎市郊外の二軒長屋の前で、捜査用車を止めさせた。

「ごめん下さい」

と、引き戸を開けて「居たかい――」

口だけで笑う。玄関口の四畳半と六畳の二間に台所が、すっ、と見回せる。五〇そこその痩せた男が女房とＮＨＫの連続朝ドラを見ている。

「暫《しばら》くだなあ、かんちゃん。仲良くテレビ見てるとこ悪いけど、迎えに来たよ。その高級腕時計を持って、な」

四畳半の小ダンスの上に置いてある腕時計を指さしながら、言った。口元は笑っているが、底光りする鋭い目は、有無を言わせない威圧感があった。

「次郎長さんに迎えに来られちゃあ、仕方ねえな。かあちゃん、行ってくらい。また留守を頼むよ」

かんちゃん、と呼ばれた後閑得次《ごかんとくじ》という男は、何一つわけも聞こうとせず、言い訳もせずに、オレンジ色の上着をTシャツの上に羽織《はお》って、任意同行に応じた。

「あーゆっくり行ってきな」

五〇歳は過ぎている小さく痩せた女房は、テレビの画面から目をそらさず、表情一つ変えずに、言った。

次郎長刑事が来たというだけで、泥棒の証拠は押さえられていると、男は観念しているようだ。後閑の職業も、「泥棒」なのである。

怪盗ネコ

月間に入ると、刑事部屋から留置場に通ずる廊下の北側に並ぶ九つの取調室の取り合いが始まる。取調室の番号でも、ゲン担ぎをするのである。使用中の取調室には、開きドアの上部壁に付いている黄色電灯が点《つ》く。だが、調べてもいないのに「使用中」と書いた張り紙をしておく班もあるのだ。なんでもかんでも競争なのである。

高崎署の刑事部屋は、何とも、騒々しい。

調べ室すべてに、使用中の青ランプが点《つ》いたが、この中に「ネコ」はいない。

ネコの手口と思われる車上狙い、事務所荒らしは、更に頻繁に発生している。

血眼《ちまなこ》になって、ネコを追うデカたちへの挑戦のように、だ。怪盗ネコのにんまりした顔が、目に浮かぶ。

「ネコのヤサ（居場所）はまだわからねえか」「捕まえるまで帰ってくるな！」

関川のいつもどおりの大声で、デカ部屋の一日が始まる。

猫田《ねこた》定吉《さだきち》、四八歳。通称「ネコ」。職業、泥棒。前科は一一犯。

茨城《いばらき》県出身で、住所不定、三人兄弟の末っ子として、比較的裕福な中流家庭に育つ。

原因は定かではないが、猫田は生い立ちなど過去のいきさつは、決して話そうとしないのである。ただ、家出して以来三〇年のうち刑務所暮らし二〇年という事実は、しっかりとした彼の履歴書である。

手口は、空き巣狙い、車上狙い、金庫荒らし、旅館荒らし等々で、対象は選ばない方である。

だが、ノビ師（忍び込み）はやらない。

「一流の盗人は夜間人の寝静まっている家に侵入し、室内を荒らさずに現金だけ盗むノビ師だなんて自慢するバカがいるけど、俺はやらねえ。万が一、家人に見つかったら人を傷つけてしまうかもしれねえ」

猫田の持論だ。盗人《ぬすっと》にも三分の理、ドロボーにも人それぞれの哲学なるものがあるのである。

職業的窃盗犯の彼も、ドロボーしながら働いた経験が、二年ほどある。

大工、鳶職《とびしょく》、板金《ばんきん》等のテコ（手伝い）であるが、これも彼のドロボー稼業に大いに役立つことになった。

猫田はデブの割には、生来、身が軽く器用なので、鳶職などのテコが務まったのである。家の建築では、建方《たてかた》といって、柱などを組み立てる段階で、鳶職人のテコをやる。大工のテコでも高いところに上る。事務所や出店荒らしでは、家屋の上部が無施錠が多く、侵入しやすい。建物の作り方も覚えているから、部屋の間取りや家具の置き場所まで、おおよその見当がつく。

大工道具の使い方も覚える。板金では、金物の型を作るのを覚えた。だから、ガラスを破るとか、戸を外すにはどういう道具が必要かなど、お手の物だ。ドロボーに必要な七つ道具も手作りで、小型化した。金庫やロッカーを開ける鍵も自分で作った。

「ドロボーは、天職」と高言するネコこと猫田定吉は、ドロボーについてはとにかく熱心で勤勉家だ。刑務所務めの間も常に究極の手口を研究して怠《おこた》りないのだ。

「俺の生きがいは究極の手口による完璧な犯行であり、犯行時の瞬間のスリルとぞくぞくする快感さ。だけどさぁ、捕まえる方のデカが一流でなくっちゃあ緊張感もやりがいもねぇよなぁー、フッフ」

うすら笑う。

変幻自在でも油断が

猫田は、出所すると真っ先に自分を取り調べた担当刑事を署に訪ねて、出所の挨拶をする。刑務所暮らしで失ったドロボーの勘を取り戻すには、刑事部屋の空気を嗅ぐのが一番どのたまうのだ。こんなようだから、どこの署のデカたちも、猫田出所の情報があると、血眼になって、怪盗ネコの足取りを追うのである。

猫田は現場に証拠を残さない。彼を捕まえるには、現行犯か犯行直後の職質しかないのだが、どんな一級ドロボーでも、犯行の手口だけは隠せない。究極の手口なんてあろうはずがないのだが――。

高崎署捜査一課の刑事達には、県下最大規模署のメンツがかかっている。月間の検挙成績でも、二位以下は許されないのだ。猫田のヤサ（宿泊先）をようやく突き止め、各班交替で尾行をするが、軽く巻かれてしまう。犯行現場になりそうな工場団地や、駐車場などで要撃《ようげき》捜査（張り込み）をする班もある。非番の新米刑事が女房を相棒にして、「何時まで休んでいるから変なのが現れたら起こせ」と、交替で張り込むなど、涙ぐましい努力もしているのであった。

どうやら彼は、盗犯検挙月間に入って刑事達の目の色が変わってくると、挑発するように犯行を重ね、刑事達とのゲームを楽しんでいるようでもあった。

だが「天網恢々疎《てんもうかいかいそ》にして漏らさず」だ。


変幻自在の怪盗ネコにも、油断があった。たった一つ、車のハンドルに残した左手拇《ぼ》指《し》の指紋で、逮捕令状が取られ、高崎競馬場にいるところを高崎署の大政こと小林巡査部長と若い加藤《かとう》刑事の組に逮捕されたのであった。関川警部に連日尻を叩かれ、毎晩遅くまで執念の鑑識活動を行っていた、鑑識係員四人の功労でもあった。

高崎署三階の刑事部屋は、ネコ逮捕に沸き立っていた。翌日の朝礼時、満面の笑みの署長荒川《あらかわ》警視正から功労者四人に、署長即賞の金一封が手渡された。

拍手を送りながらも、大政の班に持って行かれた他班の刑事達の顔は、悔しさが穏せない。

「一課長、捜査はこれからだいなぁー、余罪が何件出るかだいなぁ。」

署長が笑わない目を関川に向けて言う。

猫田の手口原紙には、必ず、「調べ官に応じて自供」と書いてある。即ち、気に入らない取調官には本件以外は絶対にしゃべらない。担当官が気に入れば、一気に余罪を吐き出す。このデカなら全部話しても（検察庁に）送るのはここまで、と量刑を読みながら自供していくのだ。

刑事達は日曜、祭日返上で余罪捜査の取り調べや、引き当たり捜査を行う。取調官の捜査技術を競う場であり、取り調べ刑事と被疑者との知恵比べでもあるのだ。

取調室の攻防

関川は猫田の取調官に、第三班長の中山《なかやま》警部補を当て、補助の刑事に若い加藤巡査をつけた。

中山班長はまだ三〇歳になったばかりで、四人の班長の中で一番若く刑事経験も浅かった。小柄でずんぐり型、丸顔にやや下がり目の柔和な風貌は、刑事というより、商店の若旦那という感じを抱かせる。静かでゆっくりした話し方には、誠実さが感じられる。彼の持ち味なのである。関川は、饒舌《じょうぜつ》で一流プロの泥棒で、「ドロボーは、天職」と高言する説教癖のある猫田には、中山タイプの若い班長がいい、そして補助は、逮捕功労者でありまだ新米の刑事の加藤がいい、と見たのであった。

中山は最初の取り調べの際、

「ネコさん。この令状取るの、容易じゃなかったよ。証拠を残さず見事な仕事をする一流中の一流も、今度は、一つだけ（指紋を）残しちゃったいなぁ。ネコさん一人に何百人のデカが翻弄されたよ。俺はまだ三〇歳だし、この加藤刑事なんか刑事になって三ヵ月目なんだよ。よろしく頼むよ」

と、ネコを上手に持ち上げた。日曜日には、女房手作りの弁当箱を二つ持って来て、デカ部屋のソファーで、一緒に食べた。猫田は「うめえなぁー」と言いながら食べた。何を思ってか、涙ぐみながら食べる時もあった。

「どうだい、ネコちゃん。中ちゃんの奥さんの料理うめえだんべー」笑いながら関川が、猫田の隣に座り、別のタッパーに入った漬け物のキュウリをつまみ「うめぇー」と食べる。「野菜でも魚でも旬の物がうめえやなぁー」とか、事件と関係のない世間話、無駄話をして、一緒にお茶を飲む。

たわいない話の中に被疑者の思わぬ本音や性格がのぞかれるのだ、と言う。そして被疑者と取調官の相性をも見るのである。日曜、祭日でも、デカ部屋に顔を出し、留置場も見回り、「身体の調子はどうだい、風邪引いてねえかい」など一人一人に声をかける。

「ネコちゃん、具合《あんべぇ》はどうだい。頭は痛くねえかや。その頭じゃあ寒いだんべえ、帽子かすべえか、ハハハ」

など、方言丸出し、開けっぴろげの明るさで、冗談も言う。

「課長よく言うぜ」

猫田が光沢のいい頭をつるりと一撫でして、言い返す。

関川が顔を出すと、取り調べの緊張した空気は、一変する。

「頭は痛くねえけど、腰が痛いんだよね」

猫田が腰をさすって、言う。

「押してやるよ。ちょっと横になってみな」

と机の上に腹這いにさせて、指圧してやる。

「あー、ジンさん、そこだ、そこだ、効くよ、痛て、痛て……」

「我慢しない、ハハ」

その情景は、泥棒と刑事ではなく、仲のいい友人同士の関係なのであった。（これ以上絶対に余罪は言わないぞ）と常に閉じていた心が、一瞬緩み、当たり前の人間の心が開かれるのだ。

「ネコさん、今日は超一級の大物を乗せるんでさあ、課長に頼んで、署長車《しょちょうしゃ》を借りてもらったよ」

中山班長が言うと、

「すげえなぁー」

猫田は素直に感激した。関川と二人だけの刑事部屋で、猫田は言った。

「班長は若いけどしっかりしてるよ。伸びそうだから面倒見るよ。若いのは刑事のいろはから俺が仕込んでやるべえ。刑事はまず、挨拶の仕方、お茶の入れ方が基本だからよ。お茶の入れ方がよく出来るか、出来ないかで、その人間の人の接し方、心が見えるんだよなあ。刑事の基本だからさ、そのへんから、仕込んでやるよ」

猫田は、完全に関川に心を開いていた。

捕まった側が捕まえた側の課長に、惚れ込んでしまったのである。

名刑事関川仁と大泥棒猫田との長い付き合いが始まるのであった。

中山、加藤の若手刑事を取調官に付けたことは、まさに的中であった。

牢名主《ろうなぬし》

留置場の朝は忙しい。当直指令が巡視、点検官となり、看守係が一号室から順に人員点呼をする。名前でなく番号で呼ぶのである。点呼が済むと、房内の掃除、床の雑巾掛けをする。

一房ずつやると時間がかかるので、看守を増やして二房一緒にやらせることもある。終わると、鉄格子の扉をガシャッ、と閉める。全房の掃除が終わったら、朝食（官弁）の配布だ。これも、看守係の仕事である。

ある朝からこの看守係の仕事を、猫田が手伝うようになった。彼は太ってはいるが手先は起用で動きは実にいい。房の格子、特に弁当の差し入れ口から、看守台の机、そして風呂の掃除までせっせとやった。

入浴は、夏期は五日に一度、冬期は七日に一度と規定されている。猫田は新入りや初犯の被疑者には、掃除の仕方から、布団の畳み方、風呂の入り方まで、指導した。

泥棒月間だといっても、泥棒だけ入っているわけではない。詐欺被疑者もいれば、強盗傷人の凶悪犯罪者もいる。彼は入房者のほとんどを把握していた。昔で言えば、牢名主のような存在でもあった。看守の仕事を手伝いながら、彼らに、何かと話しかけているのだ。

こんな時の猫田は生き生きとしている。とにかく彼は、しゃべらなくて、動かないのが苦痛なのである。

猫田のそんな性分を知っている関川がさせたことであった。

「ヤツは子どもの進学で悩んでいたから、そこんとこ突いた方がいいよ」

とか、

「あれは、余罪をみんなしゃべったら、新聞に出るから、言わねえと言ってたよ」

などの被疑者情報を関川に、話した。

刑事勘を働かす

関川は毎日何度も房を巡回し、被疑者に声を掛ける。相手の表情態度などを見て、心の有り様、変化などを読む。いわゆる、刑事勘を働かすのだ。

初犯なのに、空き巣の本件のみで、他は一切しゃべらず、世間話にも応じない三〇歳の男がいた。近隣主婦の目撃情報で逮捕となったのだが、同様の手口による空き巣被害は、他に十数件も発生していた。

関川はこの男を、留置管理の主管課長に話して、猫田の房に、入房替《にゅうぼうが》えしてもらった。被疑者同士でも相性の善し悪しはある。同房者の組み合わせは、重要な捜査のひとつであり、房内の被疑者事故を防止する上でも大切なことなのである。

饒舌な猫田は、この男の心を一晩でほぐした。男はかなり名の通った寝具メーカーの営業マンをしていたが、業績不振で、リストラになった。母子家庭で育った彼は母親に心配かけまいと、毎朝ネクタイ、スーツ姿で家を出ていたのだが、あてどもなく歩いているうちに、ふと営業でお世話になった一人住まいの女性宅前に立っていた、というのである。声をかけたが返事がない。玄関の引き戸は開いた。室内を見回すと、和タンスの上に手提げバッグが置いてあった。ふらふらっと、手を伸ばし中を見る。入っていたサイフの中から、三万円を抜き取った。

というのが、自供した本件の動機と概要であるが、猫田は、

「一件でも何十件でも、懲役には関係ねえよ。それより、取調官の情状面を良くした方がいいよ。全部きれいさっぱり吐いてよ。新聞は心配するな。初犯でその位のヤマ（犯行）なら、課長に言えば報道なんかしねえよ。あの課長は信頼できるからよ。まあ、一年というところかな」

と説得したのであった。

第三班長の中山警部補は、

「母親の事は心配するな。新聞にも報道されないし、今までどおり、保険会社に勤めている。『お母さんの事は心配するな。待っているから、罪をきれいに償って帰って来なさい。それまでは会いには行かないから、身体を大事にしなさい』と言ってたよ」

と情理を尽くして、彼を説いた。

母の話に号泣した彼は、その後、一八件の全余罪を自供したのであった。

「ネコちゃん、ありがとうよ。ネコちゃんは刑事以上だよ」

関川は猫田の肩をもみほぐしながら、言った。

「まあ、最初は誰でもあんなもんですよ、ジンさん」

こんな時の猫田は、ご機嫌であった。腕を組んで得意のポーズを取るのだ。

――この男には、猫田の読みどおり、初犯であり、改心の情が強いとして、懲役六ヵ月、執行

猶予三年の温情ある罪刑が、判決されたのであった。

引き当たり捜査

「捕まえるヤツと逃げるヤツ」。立場は逆でも、人間の持って生まれた相性というヤツは別だ。「ジンとネコ」の不可思議な人間関係は、この年高崎署の取調室での出会いから始まったのであった。

猫田は結局、車上荒らし、事務所荒らしなど、八〇〇件余自供した。引き当たり捜査は、五月の末から一二月中旬までの、約七ヵ月間続いた。

そして、翌一九八六年二月、猫田は前橋拘置所に移管され、同年四月、懲役三年の刑が確定した。猫田が予測していたとおりの、刑であった。

猫田は、取調官を気に入り全面自供を決めると、まるで観光地へのドライブを楽しむかのように、引き当たり捜査に出かけるのである。彼が天職とする盗人の現場は全国区であるので、「宮《みや》城《ぎ》県は車上（荒らし）が約三〇〇件、事務所（荒らし）が五件だ。丁度〇〇公園の紅葉が見頃だよ」とか、「新潟《にいがた》県は車上が八件、H温泉で旅館（荒らし）を三件やったかな。あそこは、×月×日に珍しいお祭りがあるよ」とか言って、行き先を指定するのである。

刑務所暮らしの長い職業的窃盗被疑者には、物知り、雑学博士のようなのが多い。刑務所ではいろんな仕事をやるが、それ以外は何もやることがない。とにかく暇なのである。だから、よく本を読むし、字も書く。歌も唄うし、俳句や短歌が上手になるのもいる。

ドロボーの刑事学

ネコは名文、達筆家で、物知りである。若い刑事や看守係などは、すぐにその知識の程度をネコに試されてしまうのだ。加藤はネコに試される前に、「猫田さん教えて下さいよ」と、その誇り高い心を、くすぐってしまったのである。

加藤はネコの取り調べと長い引き当たり捜査で、捕まる側のドロボーから、多くの刑事学を学んだ。約六ヵ月の間、ほとんど休み返上でネコの捜査に当たったのである。ドロボー本人しか知り得ない犯罪現場に被疑者を同行して被害を確認するのが、引き当たり捜査だ。ネコのような全国区のドロボーが長い期間浮いて（シャバにいる）いれば、犯行の現場は、北海道《ほっかいどう》から九州に及ぶ場合もあるのだ。

ネコが、地方の季節と観光地名産品などを並べながら、次はなすがいい。今は松茸が旬だからうまいよ、などと楽しそうに言うのを聞きながら、犯行状況を聴取し、調書に取って、検察庁に送るのである。日帰り出来ないような地域なら宿泊しなければならない。ホテルや旅館に刑事とドロボーが一緒に泊まるわけにはいかない。ドロボーは所轄署の留置場、即ち、代用監獄の房に泊めなければならないのである。被疑者逮捕後四八時間以内にその身柄は検察庁に送られているので、移管場所を代える場合は、たとえ一日でも、検事の「被疑者移管証明書」なるものが必要なのである。

余罪数百件の大ドロボーを捕まえると、超、忙しいのだ。だが、捕まえてナンボの世界にいるデカたちにとっては、休暇が取れなくても、全く苦にはならないのである。他県、他署管内の被害を回復出来れば、刑事冥利《みょうり》なのである。

一方のドロボー被疑者も、外出が楽しくて仕方がない。鉄格子のある狭い取調室や留置場の房の中にいて、食べることしか楽しみのない暇な身体を持て余しているのである。

だから、調べる側と調べられる側、立場は全く逆であっても、車の中では和気藹々？の雰囲気だ。特にネコの場合は格別だ。長距離ドライブの車内で、片手錠腰縄《こしなわ》付きのネコが、ドロボー学？を披瀝したり、政治、経済、その土地の文化まで、滔々《とうとう》と述べるのである。時には調子に乗って話は治安にまで及ぶのだから、笑っちゃうのである。

「一級のドロボーさんに治安情勢まで聞けるとはねー」

中山ら刑事はほとんど聞き役である。

中山は、時折ネコに質問する。

「猫田さん、あのビルの四階事務所に侵入するのは、いくら名人でも無理でしょうね」

と、くすぐる。

「あんなビル簡単だよ、俺ならな。中山君知ってるくせに試してるな」

と言いながらも、得意満面に侵入手口を解説するのだ。

「旅館荒らしの手口は？」

「金庫はどうやって開ける？　どういう金庫が開けやすい？」

「車上狙いは？」

「空き巣に入りやすい家は？」

など、ドロボーから、その手口を聞く。それは貴重なドロボー学であり、刑事学なのである。

名刑事といわれる誰もが、体験、経験から、学ぶ。その意味で、時に、ドロボーも刑事の師となるのだ。


「あれ、ドロボーだよ」

県南部の太田《おおた》市で、車上荒らしの引き当たりをやっていたときの事だ。

「あれを見てみなよ、ほらあの車のおばちゃん。バッグの中を一生懸命いじっている女さ。あの車の斜め後ろから見ている男がいるだろー、あれ、ドロボーだよ」

猫田が中山刑事の横腹を拳で突っついた。

「あのおばちゃん、きっと、入金かなんかだよ。キャッシュカードではないから、時間がかかるよ。絶対、ロックしねえであの銀行に入っていくから見ててみな」

「ええっ、本当かよ」

中山の細い目がまん丸くなった。

「ほうら、おばちゃんが入ってった。あの男助手席から入るぜ」

猫田の目が、野生の目になった。猫田の興奮が伝わってくる。そして、猫田が言ったとおりに筋書きが運んだ。男は助手席のドアを左手で開け、すうっと、身体を滑り込ませた。「やった！現逮して来い！」

中山が怒鳴るより早く、二人の刑事がふっとんでいった。

車上狙いの引き当たり捜査中に、被疑者から、犯行中の車上狙い犯人を教わって、現行犯逮捕するなんてことは、前代未聞の出来事であった。

猫田の自慢話を聞いて、

「どうして分かったんですか？」

加藤が聞くと、

「加藤君、蛇《じゃ》の道は蛇《へび》って言うよ」

猫田は得意満面に、にやっと、笑った。

ネコは陽気なドロボーだ。よく、歌も唄った。ご当地ソングが好きである。歌手では、石原裕次郎ファンだ。札幌では「恋の町札幌」を、横浜では「サヨナラ横浜」を、気持ち良さそうに、美声で唄った。

親子ほどの年齢の差があるドロボーと刑事。本当に、手錠付きの旅を楽しんでいるようであった。

奇妙な友情

関川は群馬県警に在職した四一年間のうち、三二年間を刑事畑で勤務した。交番勤務を三年やって念願の刑事になった。彼の所属は一貫して一係《いちがかり》であった。県警捜査一課一係は、盗犯即ちドロボー担当なのであるが、所轄署では、盗犯の他、殺人、強盗、強姦、放火などの凶悪犯罪も刑事一課で担当するのである。彼は所轄の一課長を二ヵ所踏んでから、本部捜査一課検視官、機動捜査隊長、捜査第一課長と刑事部の階段を上り詰めて行くが、この間、猫田と関川の関係は途絶えたことはなかった。

連絡を取ってくるのはいつも猫田の方からだ。怪盗ネコの行動範囲は広い。九州、沖縄から北海道に至るまで、日本列島のどこもが、ネコの仕事場なのだ。おかしなもので、あまりに長い間猫田から連絡がないと、「ネコのヤツ、入って（刑務所）るんかなあ」関川は気がかりになって、呟《つぶや》く。

「隊長、携帯に連絡してみたらどうですかー」

「真剣勝負の現場で携帯が鳴ったら、ネコのヤツびっくりするぜ」

「ネコだって、ドロボーするときは、携帯の電源ぐらい切るでしょう」

笑いの渦が巻く。

携帯電話は、関川が機動捜査隊長時訪ねて来た猫田に請われて、彼が持たせてやったのであった。

「住所不定では携帯が持てない」というのだ。だから電話は、関川名義で電話代は彼の通帳から引き落とされるのだ。

関川は猫田と出会ってからも、本部と所轄を出たり入ったり、昇任しつつ異動しているが、関川の新しい勤務地、所属をどのような手段、情報によって知るのか、転勤後程なく日本のどこからか、猫田から電話がかかってくる。

女を使っているのである。自分は住所不定。情報網、連絡網は、群馬県、静岡《しずおか》県、栃木《とちぎ》県その他全国各地にあるようだ。皆、小さなスナックや小料理屋をやっている、わけありの女のようだ。

出所すると必ず電話か手紙があり、関川が人事異動になると、お祝いの手紙が届いた。封書には筆字で几帳面にお祝いの言葉が書かれてあった。差出人の住所はもちろんのことなく、『ネコ』とだけあった。そして、「今○○にいます。お祝いの地酒を送ったから……」などと書いてあり、「お互いに健康に注意して頑張りましょう」と締めくくるのが、常である。

（お互いに頑張りましょう……か）関川は苦笑する。

「ジンさん、ネコです。昇任おめでとうございます」

「ネコちゃん、しばらくじゃあねえかい。今、どこだい？」

「鹿児島《かごしま》ですよ。お祝いに地元のいい芋焼酎送るよ」

「いいよ、どうせやばい金で買うんだんべー」

「とんでもねえ。ジンさんへの贈り物だけは、真っ当に働いた金で買う事にしてるんだよ。信じてくんない」

いつもこんな調子なので、一年以上も彼から連絡がないという事は、どこかの高い塀の中、ということになるのだ。

三年ぶりの制服勤務

一九九七年四月。関川は県本部捜査第一課長から、署員数一三二人の藤岡《ふじおか》警察署長として着任した。三二年ぶりの制服勤務であった。襟元に付けられた、ベタ金三ツ星の警視階級章が光る。

就任して一ヵ月後の、五月初旬朝一〇時頃。「署長決裁」と大きく書かれた紙製の決裁箱に積まれた書類に目を通しているると、「署長、ネコと申される方が、ご挨拶にとお見えになっていますが……」。開かれたままのドア口で、庶務係の女性職員が、こぼれるような笑みで、来訪者を告げる。

「ネコ！　イヌじゃあねえよなあ」

「いいえ、ネコです。フフッ」

抑えた声で笑った。

「頭の光ったネコかい、ハハ」

「はい、光ってます。プウッ」

抑えきれずに、吹き出した。

「やっぱり、ネコか」

関川は書類を閉じて、笑いながら、椅子を立った。

署の玄関を入ってすぐ右側の受付カウンターの前で、大きな丸顔、頭のテカテカ光った恰幅のいい猫田が、左肩に黒色のショルダーバッグを背負い、両腕に全く似つかわない大きな花束を抱えて、立っていた。

「やあ、ネコちゃん、入んない、入んない――」

署長の大きな声に、内勤事務の職員の顔が揃って上がり、ネコと署長の顔を左右に交互に見て、声を出さずに、顔中で笑う。いかめしく緊張した警察にない、和やかな空気が広がる。

「ジンさん、敷居が高いです」

猫田は丸い背をこごめて署長室に入った。

「署長ご就任おめでとうございます」

光沢のいい頭を下げて、花束を手渡した。

「ありがとうよ、ネコちゃん、まあ、座ってお茶でも飲んでくんない」

お茶を運んできた職員に、

「花瓶に入れといてちょうだい」

花束を渡して、ネコとジンは、大きなソファーに、向かい合って座った。

「ネコちゃん、いつ（刑務所を）出たんだい」

関川は、声を落とした。

「一年前です」

「今度は何年だったの……」

「一年二ヵ月です。それより、ジンさん、制服も似合うねー、格好いいよ。管内の女性みんなが惚れ込むよ」

と話題を変えてきた。

「俺もここが最後の勤務地だよ、ネコちゃん。来年は定年退職だよ」

関川が真面目な顔で言った。

「もう、六〇になるんかね……、ジンさんが定年退職になるんじゃあ、俺も（泥棒稼業）退職するかなぁー」

猫田がしんみりした口調で言う。

「ネコちゃんには、定年がねえからなあ、そう思った時が辞め頃だんべえよ。ネコちゃんには塀の中で取得した床屋の免状もあるしさ、手先が器用だから、充分食っていけるよ。もう危ねえから、高いところへ上るのはやめな」

「よく考えるよ。ジンさんがいねえサツじゃあ、俺も張り合いがねえからよ」

「おい、おい、ハハッ」

二人は久しぶりに会う友人同士のように、まじめな顔で話しあったり、笑ったりしているが、警察署長とプロの泥棒の会話なのである。

さらば、関川署長

翌年の三月二五日。関川は警察本部長から、長年の労をねぎらう言葉をかけられながら、四月一日発令の退職辞令を交付され、すぐに帰署した。

署の三階大会議室には、業務に支障のない限りの全署員が、待機していた。

「ただ今、本部長から退職の辞令を交付されました」

壇上に立った関川は辞令の入った筒を右手でかざし、さよならをするように、署員に向かって満面の笑みで左右に振った。

「一年という短い期間だったけど、最後の職場であるここ藤岡署は、毎日が充実して本当に楽しかったです。ありがとうございました。今後は一県民、一市民として、安全安心の地域づくりのために協力していきたいと思います。まあ、四一年間もドロボーを追っかけ回して来た警察馬鹿人生だったから、当分は落ち着かないで、昼も夜もふらふらしてると思うけど、そんな老人をどっかで見かけたら声をかけて下さい。みなさん、本当にありがとう」

関川署長退任の挨拶は、あっさりとしていた。署員の緊張した顔も和らぎ、笑顔となった。

続いて顔面を紅潮させた副署長の上山警視が、

「……もっと、もっと関川署長の下で仕事をしたかった、というのが、全署員の気持ちです。思いやりがあり、優しい人だったけど、怖かったです。事件指揮を執る署長は、まさに捜査の鬼のようで……。犯罪検挙率は急増し、被害は減少しました。

市民の安全のためにと、市や協力団体に働きかけ、県下に先駆けて青パト（防犯用）を取り入れたり、お年寄りの外出用に夜光チョッキを配ったりと、僅か一年の間に残された功績は署員としても大いに誇りとなり、市民の信頼も増しました」

など言葉をかみしめるように謝辞を述べると、署員から大きな拍手が湧いた。

警務課の女性職員が花束を贈呈して、また万雷《ばんらい》の拍手。これで署長退任のセレモニーは、終わった。


午後、新署長が事務引継のために来署。引継が済むと関川は、大勢の署員を始め、外郭《がいかく》協力団体の役員、婦人団体までが、署前の庭に縦長二列に居並ぶ間を挨拶を交わし、握手をしたりで、ゆっくりと進み、列が切れたところに止めてある署長公用車に大きな花束を抱えきれないほど持って乗って、署を後にしたのであった。

公舎の玄関口で妻の恵子《けいこ》が「ご苦労様でした。まあ、きれい」と言って、花束を受け取る。上着だけ脱いでソファーにどかっと座った夫に茶を入れながら、

「今夜は外でおいしいものでも食べましょうか？」

と言う妻に、

「いや、そうもいかねえな、今月いっぱいは藤岡警察署長だからな。それに、今夜は市長主催の送別会だよ。明日は交通団体、あさっては防犯団体だ。今月いっぱい続くんだ。昼間は協力団体への挨拶回りだよ、悪いな、恵子……。引っ越しの方は大変だけど皆に手伝ってもらって頼む

よ」

と言う。

警察の異動は家の引っ越しを伴う。だから、警察官も大変だが、引っ越しをする妻の方がよっぽど大変なのである。引っ越しが終わってから、疲れで寝込むのは、妻達なのだ。

「この人から刑事を取ったらどうなるのかしら……」

恵子は口に出さず呟いた。

葬祭会社の仕事

関川は、時間と身体を持て余していた。妻が入れたお茶をすすりながら、新聞一紙の隅から隅まで目を通し、特異な事件事故の記事はスクラップした。朝の散歩は朝食前に行ってきた。

高崎市の南部を蛇行して流れる川幅約三〇〇メートルの烏川《からすがわ》には、上流から、君《きみ》が代《よ》橋、和田橋、そして聖石橋《ひじりいしばし》という明治天皇にゆかりのあるという三つの大橋が架かっている。その川向こうの一帯には街並みが広がっており、街の後方は標高約二〇〇メートルのなだらかな丘陵《きゅうりょう》となっている。そして、その中心部には高さ四一メートルの白衣《びゃくえ》観音像がそびえ立ち、慈愛に満ちた顔で市中を見下ろしている。

丘陵の一角にある住宅地に、退職したら妻とのんびりした生活をしたい、と建てたこぢんまりした木造平屋建てが関川夫婦の終《つい》の住処《すみか》となったのであるが、どうにも落ち着かないのだ。四〇年近い警察官人生のほとんどを刑事警察一筋で事件を追って来た彼にはのんびりした生活が身体に馴染まないのだ。時折烏川沿いの国道一七号線を走るパトカーのサイレン音にも、（あの鳴らし方は事件だなぁー）と、心は静かに波打つ。

退職後の仕事も決まっているが、五月からだ。交通や防犯関係の警察協力団体や大手スーパーなどから声がかかったが、関川は高崎市の葬祭会社「高花《たかはな》」にお世話になることにしたのである。四月は身体を休めて、恵子と近場の温泉にでも行こうかと思ったのだが、まだどこにも行っていなかった。

社長以下職員七人の「高花」とは、刑事現場を通しての長い付き合いだ。死体のある事件、事故の現場は、死体を検死する医師と死体を収容、搬送する葬儀社の臨場は必要不可欠だ。だが、死体は、事件性の明らかな刺殺、絞殺死体等や墜落、転落死、縊《いし》死、焼死、溺《でき》死、轢《れき》死等多様であり、しかも状態は、挫滅《ざめつ》、腐乱《ふらん》、バラバラ、炭化等、多様だ。

そして臨場は、昼夜の時間、場所を問わないので、嫌がる医師、葬祭業者も多いのであるが、「高花」の職員は、いつ、どこで、どんな死体でも、臨場してくれる協力者なのである。

その「高花」の花田《はなだ》社長から、「退職したら身体の空いている時でいいですので、是非相談役として来て下さい。個室を用意して待っていますから」との要請を受けていたのだが、関川が

「高花」にお世話になると決めた理由《わけ》は、『高花』なら刑事事件の現場に行けるし、捜査協力が出来る」と分かり易いのである。

「退職しても刑事バカは続くのね」

恵子は、あきれ顔で言った。

遠く北方に裾《すそ》野を広げる雄大な上州の名山赤城《あかぎ》連峰を眺めながら、「今日は恵子を誘ってランチにでも行って来るか」と思っていたら、

「あなた、M子さんたちと御食事しながらお買い物に行って来るわ。昼食は適当に済ませてね」

と先手を打たれた。

恵子は長年の刑事の妻から解放され、時間が足りないとばかりに、食事、買い物、スポーツクラブなどスケジュールがいっぱいなのだ。

（あら、住所不定の手紙だわ）玄関脇の郵便受けから通信物を取り出してきた恵子が呟きながら、「あなたに親友からよ」皮肉っぽい笑みを浮かべて封書を手渡し「じゃあ行って来るわね」と、ワインレッドの愛車を運転して、うきうきと出かけて行った。

封書には、差出人の住所氏名はなくネコとだけ記してあった。

特別刑事指導官

「ジンさん、警察官をご退職のこと、永い間ご苦労様でした。当分はゆっくりと奥様とお休み下さい。温泉旅行なんか、どうですか。諸悪の根元のドロボーの事は忘れて下さい。だけど、ネコだけは忘れないでね。ジンさんが警察を辞めて俺、気が抜けたようです。名刑事のジンさんがいない警察では、逃げる方も張り合いがないです。ということで、俺もドロボー稼業を退職しよう、と心に決めました。しかし辞め時のセレモニーは、ジンさんの地元で俺なりにやろうと思っています。

とにかく、健康には充分注意して下さい。お互いに頑張りましょう。ネコより。」

（セレモニーか……来月は春の泥棒月間だな。ネコのやつ下見でもしている時かなー）関川の心はにんまりとした。

泥棒の予告ともいえるネコからの手紙を読んで、月間準備で騒々しい刑事部屋を思い浮かべていると、春の人事異動で県警本部捜査第一課長に就任した、小林警視から電話が来た。

「おう大政ー、花の捜査一課長おめでとう」

関川の声が弾んだ。

「早速ですが関川さん」

小林警視はやや緊張した声で、

「関川さんら団塊の世代が大量退職することによって各部門、部署共に捜査技術の低下が懸念されるということで『特別刑事指導官』という制度が捜査一課に設けられたのです。趣旨は新任刑事講習の講師や難航する刑事事件現場での指導を願いたい、ということで、県下三方面で三人の先輩方に本部長から委嘱《いしょく》する事になったのです。刑事指導官は常勤ではなくほとんど無報酬なので仕事の合間で結構ですので受けて頂けますでしょうか」

ということだった。

関川は快諾した。というより、また刑事現場で仕事が出来るということに、気分が高揚するのであった。

プロの手口

蒼白い月が高崎市で一番高い二一階建て高崎市庁舎ビルの陰に隠れると、オフィスビルの裏側に蹲《つくば》っていた黒い影が動き出した。その影が、ビルとビルの狭い空間を、上《のぼ》って行く。両手両足を二つのビルの壁に張り付かせて、ゆっくりと這い上がる。まるで巨大な蜘蛛《くも》のようだ。影は、五階建てビルの三階辺りでいったん止まってから、東側のビルの方に吸い付くように固まった。

帽子からスニーカーまで黒装束をまとった影は、背負っていた黒のナップサックからマイナスドライバーとガムテープを取り出す。ガラス窓のクレセント錠の下部に、ドライバーを横に当て、ドライバーの柄の底を右の掌《てのひら》で、トンと叩く。ガラスに一五センチほどのひび割れが、横に走った。今度は錠の上部辺りにドライバーを斜めに当てて、トンと叩く。ひび割れは斜め下方に走り、下の割れ目と三角形状に繋がった。

影は二〇センチほどの長さにちぎったテープをガラスのひび割れ部分に縦に貼り付け、トンと叩いた。ガラスが割れて、テープにぶら下がった。（よっしゃ！）影はクレセント錠部分の割れ目に右の人差し指を差し入れて、錠を外した。

プロの侵入盗が使う、二点三角割りという手口であるが、相当熟練しないとこの技は使えないのだ。

影は事務所のカーテンをかいくぐってするりと侵入し、薄い光を放つ細い懐中電灯で室内を物色する。一つだけ大きな事務机と肘掛け椅子が南向きにあり、手の届くくらいの位置に、中型の金庫が置いてある。

影は、左耳を金庫にピッタリと寄せ、右手の指三本で、右、左と繰り返し回す。カチッ。かすかな音と共に微妙な振動が指に伝う。（よっしゃ）暗闇の中で満足そうに独り呟き、顔だけで薄く笑った。金庫が開くまで五分とかからなかった。

予想以上の収穫に満足したのか、影は一階に降りると、他の金庫などには目もくれずに北側の高窓を少し開け、首だけ外に出して、辺りを見回した。

現行犯逮捕

高崎市郊外北方の前橋市との境にある通称問屋団地は、昼間は買い物客や商人などで賑わうが、夜になると、人通りのない、閑散な街となる。高崎、前橋両市を結ぶ目抜き通りだけは、絶え間なく車が速度を上げて行き交うが、団地を碁盤の目のように東西に区切っているタテ、ヨコ数本の道路には、人影はもちろん、車の通行もほとんど見られない。

街灯の灯りだけが、街を仄白《ほのじろ》く照らしているだけだ。

事務所北側の隅に残された大ケヤキの葉も寝入っている、静寂な夜であった。

影は人の気配が全くないのを確かめると、ひょい、と身軽に飛び降り、地面に立った。背が低く丸く太った男だが、身のこなしは敏捷《びんしょう》である。高窓の下に自転車が立てかけてあった。周到綿密な下見をして、逃走口に用意しておいたのであろう。

男が自転車に手を伸ばしかけたとき、

「ネコさんですか！」

若い男の声が暗闇に広がり、大ケヤキの陰から、すうっーと、長身が現れ出た。太った男は一瞬ぎくっとして数秒間くぎ付けになった後、ゆっくりと振り返った。三、四〇メートル離れた街路灯の薄い灯りが、ぼんやりと男の輪郭を浮かばせている。黒のハンチングに黒の盗賊衣装を纏《まと》った男は、自分の胸元位まではあると思われる足の長い男を暗がりの中で、数秒間じっと見据えてから、

「デカさんかい？」

低いしわがれ声を発した。

「高崎署の松島《まつしま》です。ネコさんですね」

「…………」

「待ってたんですよ。ネコさん――、ですよねえ？」

「ネコじゃあねえ、猫田だ」

「やっぱり、猫田さんですか。住居侵入の現行犯で逮捕します。ええっと時間は一一月八日、午前二時八分です」

若い男は二メートル位の間合いをとったまま、うわずった声で言った。冷静を装ってはいるが、その声は明らかに興奮している。松島と名乗った刑事は、相手の反撃を警戒してか、不用意に近づこうとはしない。が、獲物を目の前にした野獣のように、その目は暗闇に炯々《けいけい》と光っている。逃走を企てるならばいつでも飛びかかろうとして、隙なく、身構えているのだ。

「降参だい――。現行（犯）とは、俺もヤキがまわったもんだ。逃げやあしねえから心配すんな。

逃げたってそんななげえ足したわけえデカにかなうわけねえや。ほれっ！」

　太った男は、両手を揃えて前へ、突き出した。

　刑事は右手を腰に回し、カチャッ、と音をさせて手錠を取り出し、ゆっくりと用心深く男に近づき、その肉付きのいい手首に両手錠をかけた。カッ、カッ、カッ、カチッ、と手錠のかかる金属音が、森閑《しんかん》としたオフィス街に走った。

「痛くねえっすか――」

　手錠の締まり具合を刑事が気遣う。

「大丈夫だ。けど、一つだけ聞かせてくれや。どうして俺って分かったんだ？」

「だって猫田さん、あれだけ次々と工場や事務所がやられれば、いつかここが狙われるのは当然でしょうが――。あの見事な手口はネコさん、いや、失礼しました猫田さん以外にいないって先輩刑事みんな言っていましたから」

「あんた一人で張ってたんかい」

「えー、先輩は泥棒さんの捕まえ方教えてくれねえっすから……。猫田さん、昼間自転車で問屋街を何回も下見してたでしょう？　僕はねえ、ハンチングをかぶって自転車に乗っている恰幅のいい中年男の情報を探してたんですよ」

「へえー、そういうことかい。真夜中にこんな人通りのねえところを自転車に乗ってるやつなんて盗人ぐれえなもんか――。へへへ、松島って言ったいなあ。あんたいいデカになるぜ。さあ、行こうや。夜が明けっちまうぞ」

「あー猫田さん、逮捕時間、午前二時一一分に訂正です」

「どっちでもいいやい。それより、夜風は体に良くねえ。車はどこだい」

「今呼びます」

松島刑事は左手で携帯電話を器用にプッシュして、当直勤務の刑事課員に猫田逮捕の通報をした。六、七分後、当直の刑事一課係長後藤《ごとう》警部補と若い刑事が、赤色灯を回した捜査用車で現着した。

「松島ぁー、やったなぁー」

後藤係長は猫田と聞いて明らかに興奮している。県下の全刑事が血眼になって追っている大盗人だ。

「おいっ、名前はなんていうんだ！　本当にお前が、ネコか！」

「俺の顔も知らねえトーシローが、ネコネコって気さくにいうんじゃあねえ！　俺をネコって呼び捨てに出来る人間は、この世にたった一人しかいねえんだ」

「おふくろさんかい？」

「バカ言いなさんな、親が自分の子をネコって呼ぶかい。ハアッハ……」

猫田の高笑いが、深夜のオフィス街に跳ねて、飛んだ。

なつかしき刑事部屋

デカ部屋から留置場に通ずる廊下の両脇に、一二の調べ室がある。

猫田は取っつきの一号取調室に両手錠のまま、連行された。

ネコ逮捕の通報で駆け付けた捜査一課長の加藤警部が、丸い顔を紅潮させて、デカ部屋で、待っていた。

「やあ、ネコさん久しぶりです」

泥棒に軽く頭を下げて、笑顔をつくった。

「あれ、加藤君じゃあねえか、俺の見込んだとおり出世したなあ、警部になったことはジンさんから聞いていたけどよ、一〇年前の新米刑事が、花の一課長さんかい。おめでとうよ」

猫田はまじめな顔で、祝った。

「取り調べ担当を、後藤警部補と松島刑事にしたから、よろしく頼むよ、ネコさん」

加藤は、現行犯逮捕手続き書など、一連の捜査書類の作成を後藤らに指示して、取調室を出て行った。

翌朝。

高崎署捜査一課は、朝から明るい大声が飛び交っていた。一一月は秋の「既届盗犯検挙月間」で、各署がドロボー検挙に血眼になっている。つまり、ドロボー被害の届け出のあるドロボーの検挙率を競う月間が、始まったのだ。盗犯月間の前半で職業的常習窃盗犯罪者の超大物「ネコ」こと猫田定吉逮捕の情報に、デカ部屋は、沸き返っているのであった。

八時三〇分からの朝礼では、署長の田代《たしろ》警視正から松島刑事に金一封付きの即賞が手渡された。刑事の神様を自称している田代署長は、新任刑事の松島が非番、労休を返上して張り込みを続けた刑事根性を繰り返し賞賛した。ネコを逮捕したことによって宿敵前橋署を一歩リードしたことに、大満足なのである。田代の目標はノンキャリアの最高ポストである刑事部長になることだ。それには、実績においても絶対にライバルの前橋警察署長には、負けたくないのである。

「一課長、後は（取り）調べ次第だいなー、ハハ」

光沢のいい頭を右手でつるっとなでながら、目の前の捜査一課長加藤警部に、プレッシャーのきいた言葉を投げかけた。

この年間表彰に大きなウエイトを占める春、秋の既届盗犯検挙月間の前半で大ドロボーを捕まえたということで、とりあえず松島刑事に、署長即決の表彰と金一封の一〇〇〇円が手渡されたというわけだ。しかしこの表彰を誰もが腹の底から喜んでいるわけでは決してないのである。

松島の所属する後藤班以外の刑事たちの腹の中は、悔しさで煮えくり返っているのだ。新人の松島刑事の大手柄であり、刑事畑が始めてである後藤警部補の班の手柄であるというのが、何とも面白くないのである。後藤はノンキャリアだが、管理部門である警務畑のエリートで、まだ二九歳だ。

だが、一課長の加藤警部は当然のことながらご機嫌である。これで各班の検挙競争に更に拍車がかかる、と思っている。刑事らは、表彰状という紙一枚に誇りと名誉をかけている。こういう刑事バカが世の中の治安を保っているのだ、という自負があるのだ。

「とにかく、あの人に一報入れておかなくては――」

加藤は、口元に笑みを浮かべて、受話器を取った。

「先輩、ご無沙汰してます」

「やー、カトちゃん久しぶりじゃあねえかい。いい事件やってるねえ、新聞で見てるよ。やっぱ、高崎（署）の捜査一課だいなー。いま月間（盗犯検挙）だんべえ。余裕かい？」

「いやー、毎日追いまくられています。ところで昨夜うちの新人刑事がネコをパクリましたんで、とりあえず一報をと思いまして――。関川さんからネコからの手紙の件聞いたとおりでしたよ。ネコのセレモニーは、うちの管内でやられるな、と思いましたね」

「そうかい。ネコのヤツやっぱり、戻ってたんかい。やったな、カトちゃん。一連の事務所（荒らし）かい？」

関川の目が一瞬光り、刑事の目となった。

「そうです、事務所（荒らし）です。最近県下で、工場、事務所が連続してやられてましてねえ。明らかにネコの手口なんで、各署で追いかけてたんですよ。うちでパクッて、面目が立ちました。だけど相手はネコですからねえ、先輩！　これからの調べが勝負ですよ。また先輩、いや、特別指導官の智恵を借りると思いますんで――」

受話器の向こうから朝方の騒々しい刑事部屋の雰囲気が、鼓膜に伝わって来る。何十年間も体に染み込んできた懐かしい刑事部屋の風景を脳裏に浮かべながら、

（やっぱりなぁー、ネコちゃん、やめられねえんだよなぁ〜。セレモニーか……）

関川は呟いた。

一流の刑事と一級の泥棒

関川が県下最大規模の高崎署捜査一課長のとき、カトちゃんこと加藤邦夫《くにお》はまだ二六歳の新任刑事で、階級は巡査部長であった。高崎署は署員数三一〇余名の大所帯だ。捜査一課は警部補を班長に一班五人の四班編制で、他に内勤事務、鑑識班を含め課長以下三三人体制であった。

署員数三〇人〜四〇人の小規模署だと、捜査課員は警部に昇任したての新任課長以下四、五人で、一、二課の区別無くすべての事件を処理する。だから刑事畑を志す者にとって高崎署の捜査

一課長は、誇り高い憧れのポストでもあるのだ。

（カトちゃんもついに花の一課長になったか。ネコの見込んだとおりの出世だぜ。やっぱ刑事部屋は活気があっていい）。初めて見る葬祭社の決裁書類をめくりながら、関川は心の中で呟いた。

「ドロボーは諸悪の根元だ。どんな凶悪犯でも、初犯は万引きとか、ちゃちな盗人から悪の道に入るのが多い。だから盗人を野放しにしちゃあダメだ。だけど、一級の盗人を捕まえるのは一流のデカでなくちゃあダメだ」

関川の口癖だ。

「高崎署のデカがみんな一流になって各署に散らばってさあね、競争して盗人を捕まえれば、県下の治安も少しは良くなるよ。ネズミの味を知らねえネコはいらねえって、ね。もっとも今のネコはうんめえもんばっか食ってるから、ネズミの味なんか知らねえか」

と口も悪い。

「いいか、事故起こすんじゃあねえぞ！　事故ったら現場に着けねえんだ。捕まえるまで帰ってくるんじゃあねえぞ！」

関川に怒鳴られ、かけずり回っていた当時の部下たちが、今、各署の課長、係長、ベテランの刑事として活躍している。彼らから電話がかかってくると、関川の顔は、一瞬輝く。何十年もの間体中に染み込んだ刑事部屋の匂いが受話器の向こうから嗅ぎ取れるからだ。

ネコ逮捕の報から、五日目の朝。

高崎署捜査一課長　加藤警部から、葬儀社高花の関川に電話が来た。

「指導官、ネコが落ちねえんです。ご指導を願います……」

周りを気にしてるかのように、小声で言う。

「カトちゃんが調べてもしゃべらねえかい」

「調べは、第三班長の後藤警部補とネコを現逮した松島刑事にやらせているんですけどね、一言もしゃべらねえんですよ。時々、馬鹿にしたようににやっと笑う程度でして。だから後藤もますますかっかとしちゃいまして……私もヤツにあたってみたんですけど、世間話程度でした。すみません、先輩」

「カトちゃん、本物のネコは上から逆さに落とすと、落ちる前に体をひねって、ちゃんと四本足で着地するよ。喉仏を撫でてやると気持ちよがるよなあ。ただし、相手を信頼してるからさあね。野良ネコは暫《しばら》く警戒して寄りつかないか、すぐに逃げるか、どっちかだいなー。ドロボーのネコちゃんは相手（デカ）を見る目が鋭いから、最初は正論（取り調べの基本）で出方を見るんだいなあ。ネコの最も苦痛なのはさあ、カトちゃんも知ってのとおり、しゃべれねえことだいなあ、だから、まずはしゃべらすことだよ。世間話や、自慢話をさ」

「後藤班長が怒って出ていくと、松島にはよくしゃべるんですよねえ」

「それはさ、ネコは松島刑事と相性が合う、ちゅうことだいなあ」

「吐け、吐け、だけではねー、ネコは調べ官に応じて自供、ですよねえ。だけどですねえ、ネコはですねえ、関川先輩に会いたがってるんですよ。だからじらしてるようにも見えるんですよね。後藤班長の調べの際、ネコは関川先輩を引き合いに出しては、『そんな調べじゃあ落ちねえよ』って、チク、チクッと皮肉るようなんです。

　それで松島が『関川先輩指導官を訪ねてネコの落とし方を教わりたい』って、本気で言ってきたもんでして……、よし、そろそろ先輩にお出まし願おうっていう事になりましたんで……。ネコの気に入っている調べ官は関川先輩ただ一人なんです。へへ……」

　加藤が、自嘲気味に、小さく笑う。

「どうやら調べ官とネコの相性が合わなかったようだいなあ、カトちゃん」

　関川のいう正論とは、ドロボーにだってちゃんとした人格がありそれぞれのプライドがある。どんな被疑者であっても始めて対峙するときは、礼儀正しく、真面目に立ち向かう、ということなのだ。

「どう、眠れた？」

「寒いけど、体の調子はどう？」

「何か考えていることはあるかね？」

「本件については逃げられっこないんだからさ、正直に言った方がいいよ」

などと、調べの前の導入から入れ、と言う。特に、ネコのような大物と対決するのには、絶対に、ちゃりくらない（からかわない）ことだ、と。

あの人が、帰ってきた

「指導官、ネコに面会に来てもらえませんか」

加藤が念を押すように、言った。

翌日の夕方。

関川は少し早めに退社して、高崎署を訪ねた。既に夜間の当直体制に入っており、署長室の灯りは消え、カーテンが閉められていた。署長、副署長は退庁したようだが一階から四階までのどの部屋も、まだ煌々《こうこう》としている。どこの署も一階玄関脇の警務課が当直者の待機場所となる。大規模署の当直員は一八人から二〇人はいるので、車両の点検、懐中電灯、長棒、サスマタ、ロープ、カメラなどの確認、そして何より重要な夕食の注文取りなどで、最も騒々しい部屋になるのだ。

当直指令の警部が、長身の関川を見て慌てたように椅子から立って、挙手の敬礼をする。他の当直員も一斉に立ち上がり、姿勢を正して敬礼するが、誰もが、笑顔で彼を迎えている。

「ヤマちゃん当直かい。制服似合わねえなあー」

出っ張った腹の下に窮屈そうに帯革《たいかく》をしている捜査二課の山崎《やまざき》警部補に目を留めると、関川は人なつっこい笑顔を向けた。

「三階にお邪魔するよ」

声を出して笑っている当直員たちに手を上げながら、エレベーターを使わずにデカ部屋までの懐かしい階段を、一歩一歩踏みしめるように上った。

三階は捜査二課、刑事官室、捜査一課と並んで在り、一課入り口の北側に、一〇坪程の留置管理課が在る。関川が一課長当時は、警務課の中に留置管理係が数名置かれていた程度であった。被疑者供述の任意性確保や不適切処理・不適正捜査という問題をなくすためとして、留置場の中の業務と捜査業務とが分離されてまだ間もない頃であった。

被疑者が一日中刑事の監視下に置かれ、好きな時間に好きなだけ取り調べられて、自白を強要されるようなことがあってはならない、という理由なのである。即ち、被疑者取り調べなどの捜査業務以外は、留置人の起床、就寝、房からの出し入れ、食事、風呂、健康管理など、すべて留置管理課の業務となったのである。

夕方の六時をとっくに過ぎているが、刑事部屋はまだ業務の真っ最中であり、時折大声の飛び交う中をデカたちが忙しく動いていた。

「お忙しいところを申しわけありません」

短身で小太りの加藤警部が、長身の関川の膝頭あたりまで、深々と頭を下げた。加藤の後部で長身痩軀《そうく》の若いイケメン刑事が頭を下げている。

「あー指導官、ネコをパクッた（捕まえた）松島刑事です」

「おー、おめでとう。初手柄が子ネズミじゃあなくて、超大物のネコだったいなあ。驚いたんべえ、ハハッ……」

照れ笑いをしている松島刑事の肩をポンと叩いて、

「警察は捕まえてナンボの世界だぜ、この雰囲気がたまらねえんだよなあ」

関川は独り言のように言いつつ、部屋の西側中央に設置されている六尺六寸の大神棚に向かって、パンッ、パンッと大きく柏手《かしわで》を打ち長身を折って一礼をした。

神棚の左右に少林山達磨寺《しょうりんざんだるまじ》の縁起ダルマが置かれ、向かって左側の目だけ、黒々と墨で瞳が塗られてある。目的が成就したらお礼にもう一つの目にも瞳を入れてやるのだという。犯罪捜査のプロが神頼みとは、と顔をしかめる捜査幹部もいるが、デカたちは若い者を含め、概して、神様仏様好きの者が多いのである。この大神棚、関川一課長時代より更に十数年も前に設置されたという。ある一課長が方位にこだわるあまり「今日は東の方向は凶だから行くな」と指示したため、捜査員は「だって、東で事件が発生したんだからしょうがねえよなあ」と苦笑いしつつも、南方向へ少しだけ迂回してから現場に向かった、という逸話まで伝わっているのだ。

「じゃあ、ちょっくら会ってくるか。空いてる（接見室）かい」

「空いてます」

関川は、ペコン、ペコンと挨拶をする刑事たちに笑顔で右手を上げながら、留置管理課に入った。彼は、制服の若い警察官が差し出す接見簿に、接見者の住所、氏名、被接見者名など必要項目を記載してから、上着の内ポケットから、携帯電話と手帳を取り出して、机の上に置いた。

そして、「こんなもんかな」と独り言を言いながら所持品を五段ロッカーの一番上に納めて、鍵をかけた。その鍵を右のポケットに入れて、「お願いします」と若い警察官に軽く頭を下げた。

接見室での電話、メモ、通訳抜きの外国語での会話、隠語の使用は禁止されている。ピン、針、釘や薬物などは勿論持ち込めない。この春まで警察署長をやっていた彼には、留置管理の重要性がよく分かる。捜査と留置業務が分離される前は、面会は取調室などで自由にやらせていた。刑事と被疑者が取調室で一緒にタバコを吹かし、カツ丼や鰻丼を食っている情景などは、しょっちゅうであった。かといって、決してこういう行為のすべてが、悪いわけではない。

「調べる刑事と調べられる被疑者の間でも、互いに相手の内面を探ろうとしているんだよ。その中から、信頼関係とか相性の善し悪しが顕れ出るんだよなぁー。

人間なんて、性善説や性悪説などの二元論で語れるもんじゃぁあねえんだ。だからこそ、人間は面白いんだよ。人間が好きでなくちゃあ刑事なんてやれないよ。何しろ、悪い事ばっかりした奴らが相手なんだからさあね。マニュアルどおりに捜査が進むんなら、刑事なんていらねえさ。刑事はバカがいい。バカが世を持つって、ね」

関川が若い刑事たちに話す取り調べの基本であり、彼の信条なのである。

会いたかった人

留置管理課から東に向かって、約二〇メートルの一間廊下がある。廊下の北側は取調室で、一号室から順に九号室まで並んである。片開きのドア右上の壁にはめ込んであるオレンジ色の灯が、九室とも点《つ》いている。使用中。即ち、被疑者取調中ということなのである。廊下の突き当たりは留置場で、九号室の向かい側が接見室だ。接見室は留置場からドア一つで続いているが、接見者とは壁やアクリル板で区切られている。幅約二メートル、高さ、約一メートルのアクリル板の中央部に、直径二〇センチの丸い通話口が、付けられている。通話口といってもポッカリと空いているのではなく、一〇〇個以上もの小さな穴が空いているのだが、ここからは、針一本も互いに送り込めないような構造となっているのである。

接見室には、パイプの椅子が三つ。被疑者側には、通話口前にパイプ椅子が一つ。斜め右後方に立ち会いの看守係が座る肘掛け付きのスチール椅子が一つ置いてある。

接見室まで案内に立った松島に軽く会釈して、関川が接見室に入ると、猫田定吉はつるりと光沢良く禿げ上がった大きな頭を幅約三〇センチのカウンターの上に置き、恰幅のいい体を無理に折り曲げるようにして待っていた。

（ネコのヤツ、もう演技してるぜ）関川は看守係に丁寧に頭を下げながら、声を出さずに笑った。

猫田が照れ笑いをしながら、気まずそうに顔を上げて、

「ジンさん、またお世話になっています」

懐かしそうに言い、目尻を下げた。

「ネコちゃん。泥棒退職したんじゃなかったっけ……。まあ、元気そうで良かったよ」

関川は通話口の前の椅子に、笑顔で座った。

「面目ねえ――」

ネコが、右手で禿頭をつるりと、撫でる。

「ところで、歌ってる（自供）の？」

「本件はどうにもならないから、話したよ」

「ヤマ（余罪）は、他にもあるんだろう？」

「あるけど、歌ってないよ」

「歌って面倒見てもらった方がいいんじゃやねえの」

「言いたくないね」

「どうして？」

「ジンさんみたいな人、いないから、よ」

「そんなことねえだんべぇー。課長のカトちゃんは、ネコちゃんが、お茶の入れ方から教えて仕込んだ刑事じゃあねえかい。その彼が課長になったんだよ。はなむけに歌ってやんねえかい。さっきの若い刑事にパクられたんだんべえ、あれは良さそうだよ」

デカ時代の上州《じょうしゅう》弁になってきた。

「ヘヘッ、カトちゃんには手柄にしてやりてえし、若いのはいいんだけどね、調べ官の係長がダメだ、性に合わねぇー。あんなヤツに付き合っちゃーいられねえよ。あれは完全に素人だ」

「じゃあ、言わずに背負《しょ》っていくつもりかや」

「相手次第だね」

猫田は、にやっと口元で笑って通話口に光沢のいい頭を寄せると、上目遣いで関川を見つめた。

「フフフ……」と含み笑いをしながら、

「ジンさん、あの若えデカおもしれえよ。取調官が怒って出てったときさあ、『猫田さん、歌わねえほうがいいですよ』って言いやがるんだ。どうしてだい、って言ったらよー『猫田さんもう間もなく六〇でしょう。うちの親父と同じで、還暦ですよねえ。職業的常習窃盗犯罪者の猫田さんなら、現行の一件だけでも、一年はくうでしょう。一年だって体に堪えますよ』だってさ。

フフフ……俺をおちょくってやがるのか、本音なのか、わからねえけどよ。ちょっとだけ胸がじーんと熱くなったよ。それでよー、そんならみんな歌ってやるべえか、と一時《いっとき》思ったんだけどさ、それじゃあ取調官の野郎の手柄になっちまわい――。それで、歌うのを止めたんだ」

「分かったよ、課長に話しとくよ」

三流の取調官

松島刑事の話は関川には想定外だったが、ネコとジン、あうんの呼吸で話が進んでいる。

「悪いね。ところでジンさん――」

これからは、猫田の筋書きだ。

「資生堂の歯ブラシにライオン歯磨き、綿のシャツ、それに現金を少し入れてくれないかなあ、頼むよ」

手を合わせて、にたっと、笑う。

「相変わらずお洒落なネコちゃんだいなあ、歯ブラシまでブランド指定かい」

猫田は目を細めて、こっくりと、頷いた。

関川の話を聞いて一課長の加藤警部は、やっぱり、という顔をした。

「あの係長は警務畑のエリートなんですけど、捜査は初めてなんです。関川先輩が課長当時、新任の中山《なかやま》係長をネコの担当官に付けたように、後藤係長にも勉強させるいい機会だと思ったんですけどね。マニュアルどおりの調べじゃあ、大物には通用しませんよねえ」

「大政は本部の一課長だし、ナカ（中山）も警視に昇任して、前橋署の刑事官だもんなあ。ネコが伸びるって言った刑事はみんな活躍してるよ。カトちゃんもネコの目に留まった一人だけどさ。ナカはさあ、プライドの高いネコと自分の若さをうまく使ったんさね」

取り調べ担当者と容疑者。相反する立場であっても、最初の出会い、印象が大事だ。後藤警部補は最初から、ドロボーなりのプライドを持っている猫田に対して、『ネコ』と呼び捨てた。

取り調べの際、猫田が「後藤君、そんな調べじゃあ落ちないよ」とからかったら、「ドロボーに君付けで呼ばれる筋合いはない」と、かっときて、机を叩いて出ていった。最初から猫田ペースにはまっているのだった。取調官が怒ったら、負けだ。怒鳴り散らすデカは、二流三流だと、一級ドロボーに舐められてしまうのだ。被疑者の心情も分からないうちに、調べ官が心情を見破られているのだ。

どうやら猫田と後藤は、相性が悪いようだ。

取調官交替

関川が猫田と面会した翌朝から、取調官が新任刑事の松島に代わった。大盗人の取調官に新任刑事があたるなんてことは、大規模署では考えられないところだが、加藤警部は関川の猫田面接結果を聞いて、「松島ならネコは全部歌う」と判断した。後藤警部補に代えて、ベテランデカ長の井上《いのうえ》巡査部長を松島の補佐役に付けた。

猫田はそれだけで満足した。関川に会えて、自分の言い分も通った。「俺は大物なんだよ。そこいらのこそ泥たちと一緒にするなよ」というプライドが保てて上機嫌となった。

「課長、松島君は若いけど、情があるし、しっかりしてるよ。俺が仕込んでやるよ。挨拶の仕方から、お茶の入れ方、人との接し方とかさ、まずは人間としての基本が、刑事の基本だからよ」

歌う前の、彼の口癖だ。

「猫田さん、一人前のデカになる基本を教えてくださいよ」

松島は猫田のプライドを持ち上げた。

「あー、松島君はいい刑事になるよ。ジンさんみたいなタイプだよ。情があるからよ。ジンさんも誉めてたしな。俺をパクッたお祝いに、ご祝儀をはずんでよ、一人前のデカにしてやるからよ、フフ……」

先生気取りで、厚い胸を張った。
その日から、彼は歌いまくった。単純と言えば単純、非常に分かりやすい性格なのである。

特許「天井抜き」

ネコこと、猫田定吉の手口原紙には、取調官に応じて自供とあるが、彼は全面自供を心に決めるやその抜群の記憶力で、管内を中心に全国各地に及ぶ六百数十件の犯行を自供したのである。罪種は、車上荒らし、工場、事務所荒らし、空き巣狙い、旅館荒らしなど多種多様であるが、彼が得意げに自慢するのは、事務所の金庫荒らしであった。

彼は肥満型の割には身が軽く器用なので、事務所や工場の高窓から侵入する手口も多い。中でも「天井抜き」という手口は、怪盗ネコの特許なのだ。

工場や事務所の屋根瓦を九枚ほど剥がし、その部分の屋根板を先の尖った五寸位の鋭利なノコギリを使って、肥満型のネコの体が入る分だけ、すっぽりと切り取る。

そして、屋根板を支える六センチ~八センチ角のタル木棒に結わえたロープを伝って垂直降下して、床に降り立つ。このロープは一緒に付いている二~三ミリの細い紐を引っ張ると外れるようになっている。ネコが刑務所の中で考案した実用新案特許?でもある。

彼は、ロープをナップサックに納め、金庫などを荒らしてから、悠々と高窓から逃走するのである。工場や事務所の防犯警備のセンサーは、出入り口となる西と東の角に設置してあるのが一般的なので、ネコは事務所の真ん中辺りを狙って「天井抜き」をするのだ。

慎重なネコは下見を徹底してやり、逃走経路、逃走手段まで綿密に計算する。ヤマ（犯行）を踏んだら黒装束の盗人着をあらかじめ隠し置いた神社や山中などのどこかで、バリッとしたブランド物のスーツなどに着替え、早朝堂々と電車やバスで逃走するのである。

だが、今回の彼は、デカたちを甘く見過ぎたようだ。必死に追う彼らをあざ笑うかのように軒並みに犯行を重ねたために、要撃捜査中の新人刑事松島に現行犯逮捕されたのであった。

六〇〇件以上の窃盗

検挙月間でいわゆる「いいドロボー」が捕まっている刑事部屋は、大漁で沸く魚河岸《うおがし》のように活気がある。ドロボーに「いい」も「悪い」もないもんだが、デカたちが言う「いいドロボー」というのは、三ケタ以上の余罪を自供している被疑者のことを言うのだ。

高崎署のような大規模署だと刑事一課が四班に分けられているから、「いいドロボー」が捕まって活気のある班と、こそ泥程度しか捕まらず、目の色を変えてかけずり回っている班とあるから、月間の刑事部屋は異様な熱気を帯びているのである。

後藤班は新米デカ松島巡査の大手柄で、超大物の職業的窃盗犯人ネコこと猫田定吉を現行犯逮捕したのだ。猫田は全国各地で犯行に及んだ六〇〇件以上の窃盗犯罪を歌いまくっているので、連日、早朝から、今日はこっち、明日はあっち、というふうに深夜まで余罪の裏付け捜査に追いまくられている。だが、捕まえてナンボの刑事たちにとっては、忙しくても笑いが止まらないというやつで、テンションは上がり、気持ち的には余裕があるので他の班とは雰囲気が違うのである。デカたちの表情にも余裕が感じられるのである。

余罪捜査の途中にある検事調べの時には、デカたちも捜査書類の作成とか次の引き当たり捜査計画書でも作りながら一息つける、ということだ。

月間中は地検への送致書類が、毎朝三〇～四〇センチもの高さで一課長の机上に積まれる。早く決裁して刑事官、署長の決裁を貰わなければならない。決裁書類にせわしく目を通し署名押印している一課長の加藤警部が、よっしゃ終わった、というふうに机をポンと叩いて胸のポケットからタバコを取り出した。これも毎朝見られる刑事部屋の情景だ。

猫田が検事調べで、前橋地検高崎支部に出頭している間、「被疑者猫田定吉車上荒らし一覧表」なるものを作成していた松島刑事が、頃合いを見計らって待っていたかのように、課長の前に立った。

「課長、一つ教えて下さい」

「おー松島～」加藤がうまそうにタバコの煙をふうっと吐いた。

「ネコがですねえ、関川指導官と接見した翌日から歌いまくっているのは、調べ官が僕に代わったからじゃあないというのはよく分かってるんです。だからですねえ、指導官はネコに一体どんなまじないをかけたんかなあ、指導官とネコはどんな関係なんかなあ、と思いまして……」

「ハッハッ……まじない、か、そうかもしれねえな」

加藤はニヤニヤと笑っている。

「………」

「松島ー、分かっていることはさ、ネコが関川さんに惚れ込んでいるということだよ。刑事とドロボーの関係も相性の善し悪しだからな、わかるだんべぇー。関川さんは人間が好きなんだよ。罪を憎んで人を憎まずって言うけど、人間なかなかそうはいかねえよ。だけどあの先輩は親身になってとことん面倒みるからなぁー。ある大ドロボーが刑務所に入っているとき、ドロボー野郎のたった一人の身寄りであるおふくろさんが死んだんだ。そしたらあの人は、喪主になって、葬式出してやったんだぜ。真似なんか出来ねえよ……」

加藤はタバコを灰皿の中でもみ消しながら、

「そういうことだ、松島ー」

と言った。

第二章　刑事とドロボーの宿命

身元引受人《がらうけにん》

被疑者猫田定吉《ねこたさだきち》の十数都県数百件に及ぶ余罪の裏付け捜査は、五月に彼を逮捕してから晩秋の一一月まで、およそ、六ヵ月の期間を要した。

高崎署《たかさき》刑事部屋の主のようなベテランの次郎長《じろちょう》（清水《しみず》）と新任の松島《まつしま》の両刑事と大泥棒ネコこと猫田定吉の三人は「今日は、××方面。今日は、〇〇方面」、と数ヵ月にわたって、引き当たり捜査に出た。食事をするのも、小便などの用足しも、一緒だ。『捕まえるヤツ』と『逃げるヤツ』の関係だが、不思議な情のようなものが、湧いてくる。

ネコの前で、子供の教育の事や、夫婦喧嘩のいきさつまで話すようになる。

「次郎長さん、子供の教育は小さい頃が大事だよ」大泥棒のネコが体験的に話すのだから、説得力がある。

「夫婦の事は分からねえが、そりゃ、次郎長さんが悪いよ」とか、言うのだ。ベテラン刑事でさえ、油断が生じるのだ。

「課長、今日は××方面へ行ってまいります」報告する次郎長と松島に、加藤《かとう》は「おい、油断するなよ。いいかい、被疑者は常に逃げようとしているヤツなんだ」厳しい顔を作って言う。

年もあらたまり、公判も近づいてきた四月のある日。加藤警部から「ネコがどうしてもジンさんと面会したいと言うんですが」と連絡が入った。

関川《せきかわ》は月に一回は猫田に面会し、消耗品だとか下着などの差し入れをしてやっているのだが、猫田は歯ブラシのメーカーまで指定する位品物にこだわるので、なかなかやっかいなのである。

いつもどおり、得意満面で自慢話をしたり、「あの刑事は伸びそうだから面倒見てやってるよ」とかしゃべくった後で、「今度の時に、××を買ってきてちょうだい」などとねだるのだが、今回は様子が違う。

「どうしたい、しおれた顔をして……。体調でも悪いかい？」

留置場面会通話口前の椅子にかけながら、うなだれている猫田に声をかけたが、顔を上げない。

（また、ネコの芝居が始まったぜ）心の中で呟きつつ、

「めずらしいじゃあないか。いつものネコちゃんじゃねえよ」

と言うと、

「ジンさんにお願いがあって今日来てもらったんだ」

顔を上げて通話口から、関川を見つめる。

「なんじゃい、かしこまって――」

「…………」

「言ってみねえかい」

「実は公判が来週なんだよ、ジンさん」

「そうかあ、今度は（懲役）何年位を踏んでるんだや」

「みんな歌っちゃって数も多いから、三年から五年は覚悟してるけど、そういうことじゃあねえんだ」

「何だね？」

「――実はさ、ジンさんに身元引受人《がらうけにん》になってもらいたいんだ」

「えっ、俺がガラウケ？　お前さんのか？」

関川が目を丸くした。

「お願いだ。このとおりだ」

ネコが、椅子を外して、土下座をした。

「何でまた俺なんだや」

「一生のお願いなんだ。俺もやっとこの年になって、人生をやり直したいと、つくづく思ったんだよ。それでよ。今回は前刑以前の犯行を含めてすべて歌ったんだよ。だから、身元引受人はこれまでさんざ世話をかけたジンさんでなくちゃあならねえんだよ。どうか、頼む」

ネコは頭を床にくっつけたままだ。

さんざ世話になったから、ガラウケも、俺か？　ネコのヤツ、時々名演技をするけど、どうも今回は違うようだ。

「ネコちゃん、頭を上げて椅子にかけろよ」

関川が椅子から立ってカウンター越しに見ると、床が涙で濡れている。これは本物だぞ。

「まあ椅子にかけろよ。話が出来ねえよ」

再度言っても、動かない。間もなく還暦を迎えるという恰幅のいい男が、しくしくと泣いている。

猫田は立ち会いの制服警察官に促されて、やっと、椅子にかけた。暗夜に黒装束で暗躍し、昼に医師、弁護士、会社オーナー等になりすまして堂々と姿をくらます。

捕まっても巧みな話術で刑事たちを翻弄する大盗人ネコの人を食った姿は、そのかけらもない。

目は真っ赤で涙で潤んでいる。まさに改悛《かいしゅん》坊主の姿だ。

ネコが、関川の目をじっと見つめて、低い声で言った。

「本当に頼むよ。ジンさんも俺の生い立ちその他みんな知ってるだろう。だから、俺の人生で最後のお願いなんだよ。この世にジンさん以外に頼る人がいないってこと知ってるよねえ」

「ネコちゃん、怒るなよ。俺をガラウケ人にして罪一等減ずるのを狙っているんじゃあなかんべえなー？」

「ジンさん、情けねえこと言わねえでくれよ。減刑を狙うんだったら、全部歌うわけねえだろうが。本当に俺は出直したいんだ。もう年だしよ。ドロボーも体力勝負だぜ。それによ、ジンさんの辞めたサツなんかの世話になりたくねえんだ。一級のドロボーは一流の刑事がいてこそやりがいがあるってもんさね」

ネコは丸くてでかい禿頭を、つるりと撫でた。

「ネコちゃん、言ってること分かったよ」

「ジンさんももう官憲の裃《かみしも》を脱いだ一般人じゃあないか。俺の身元引受人になっても、なんら問題ねえじゃない」

「問題あるのはお前さんの方だろう」

「へヘッ」

ネコが太い首をすくめた。いつものネコに戻って来たようだ。

「ところで今度、いくつくらい歌った？」

「六〇〇以上だな。でもなかなか確認は難しかったな。記憶力も落ちたしな」

「随分歌ったなあ――」

「おれも男さ。けじめをつける時はつけるさ。否認はないよ。あとは判官の言うとおりだよ」

（ネコのヤツ、すっかり観念しているな）関川は直感した。

「ネコちゃん、ガラウケの件二、三日考えさせてくれよ」

関川は笑顔で椅子を立った。

落日に染まって映える遠く東南方の山並みを見つめながら、『俺とネコとの関係はいったい何なんだ。捕まえるヤツと逃げるヤツ。全く立場の違った二人が、もう二〇年も変な人間関係で繋がっている』などと思いをめぐらす。

そして、

『ネコは天涯孤独の身だ。このまま突き放せば再び盗人の身だ。ドロボーは諸悪の根元だとの信念で長い間デカ人生を送ってきたこの俺に、前科一一犯の天下の大ドロボーが「真っ当な人間になりてえ」、と土下座までして、ガラウケ人になってくれと頼んでいる。

これまでもネコの名演技をさんざ見せつけられてきたが、断れば俺の良心は一生痛むだろう。騙されたっていいじゃあねえか。万が一つでもネコが真っ当な人生を歩むようなことになれば、我が刑事バカ人生に悔いはなしだ』、とも思った。

デカ部屋でかかわった多くのドロボーたちの顔が次々と、脳裏を去来する。

全く懲《こ》りない人間

二〇〇三年七月×日、前橋《まえばし》地方裁判所。

被告人猫田定吉第三回公判の日である。

「被告人前へ」

「はい」

白ワイシャツ黄色のネクタイで黒の法服を着た色白四角顔の裁判官が、よく通る声で被告人猫田定吉を促した。この日は、検察官の論告・求刑が下される予定である。

刑務官から両手錠を外された猫田は、緊張に顔を紅潮させて、裁判官席の正面に位置する被告人席に立った。四列三六個の椅子が据えられてある傍聴席の中央部に、社会科の勉強なのであろう一〇人程の女子高生が、ノートを手にして座っている。

関川は加藤警部と、裁判官席に向かって、右側の最後部席に座った。

まずは弁護人の弁護である。

六〇歳前後で角張った大顔、左右が繋がりそうな太くて濃い眉毛にギョロ目の大男が、裁判官に一礼してから、猫田を一睨みする。

「被告人は全く懲《こ》りない人間である。これまで何回となく窃盗を繰り返し、刑務所に入ったり出たりの性懲りのない馬鹿者である。いいですか！　改悛《かいしゅん》しなさい。

だいたいだな、人の寝静まった深夜に、事務所の高窓から侵入したり、工場の屋根を剝がして侵入したり、白昼堂々と人家に入り、大切な現金や貴金属などを窃取《せっしゅ》する行為は、当然ながら許されるものではない。

ましてて被告人猫田定吉は窃盗行為を常習として、また、職業的に敢行《かんこう》していたものであり、盗んだ金品は自己の心のおもむくままに使い果たすなど全くの性悪であり、罪深い行為そのものである。

被告人の人生はもはや還暦を迎えているのだ。親に貰った大事な人生をドロボーだけで終わらせて良いと思うのか。

今回を最後と思って、身をきれいにし、しっかり出直しなさい。決して、身元引受人の元刑事の優しい心根を汚してはならないし、裏切ってはならない。いいですか！（猫田を暫《しばら》くギョロ目で睨んでから）以上で弁護を終わります」

「珍しい弁論だなあ、まるで検事の論告だぜ」

関川が隣の加藤に囁く。

「元検事ですよ」

加藤が小声で言った。

（なるほどー）関川が頷いた。

「この手が動いてしまいます」

検事の論告求刑。

「被告人は定職に就かず泥棒を天職とする前科一一回を有する常習の窃盗犯人であり、被害者に対する弁護能力もなく、人の寝静まる深夜、事務所や人の居住する家屋に忍び込み、金品を窃取する手口は情状酌量の余地はなく、その犯情は極めて悪質である。よって、懲役三年を求刑する」

猫田が顔を上げて、ちらっと、左方の検事を見た。驚いた顔ではない。予想どおり、というように軽く頷く。

裁判官が背筋を伸ばして、軽く咳払いをした。

「被告人に質問します。なぜ被告人は定職に就かず窃盗を繰り返しているのですか」

「えっ、あの、そのー、この手が動いてしまいますのです」

関川は思わず吹き出しそうになるのを、両手を口に当ててやっと抑えた。（ネコのヤツ、演技を始めたぜ）と思ったら、おかしくなったのだ。「ウ、フン」判官も両手で、口を押さえている。

「被告人は前刑の時も他県での公判廷において、裁判官の前でもう二度と罪を犯さないと謝罪したのではないですか」

「えっ、あの、その、あのそのー……そのとおりです」

「エッ、ヘン」判官が、拳を口にやる。裁判官席の一段下で記録をしていた若い女性速記官が左手で口を押さえた。女学生のかたまりの中から「フッ、フ、フー」という含み笑いが、広がる。

加藤が丸い首をすくめて、笑いを堪《こら》えている。関川は深呼吸した。神聖なる法廷で、身元引受人が笑ってはならない、と必死の表情で背筋を伸ばす。

「で、今回はどうなのですか？」と判官。

「はい、私も六〇歳となりまして、つくづく今までの悪事を考えまするに、これではいけない……と。――還暦とは、暦が還る、ですねえ、裁判官様。私は生まれ変わって人生をやり直したいのです。後生であります。今回はそう決心して、長年世話になった尊敬する人に身元引き受けをお願いしたのであります。どうか裁判官様、ご寛大なるお裁きをお願いいたします」

（ネコのヤツ、やっぱり役者だ。最初は、あの、そのー……で最後は一気に饒舌を発揮している。身元引受人をダシにして罪一等を減じてもらうつもりはない、と言ったくせに、明らかに情状酌量を狙っている）関川は名優ネコの計算された演技に、内心舌を巻いた。

懲役一年六ヵ月に処する

「いろいろ審議をしてきましたが、他にいうことはありませんか？　今度こそ、罪を重ねないと、この法廷で誓約できますか……」

裁判官が、体を少し前に傾けて、優しく尋ねる。

「はい！」

ネコは両肩を後ろに引いて背筋を伸ばし、一声大きく返事をして、

「誓約致します。嘘はドロボーの始まりと申しますので……もう絶対にドロボーは致しませんと……」

「クウッ、クク……」

女学生の集団が、肩をふるわせている。裁判官も口を押さえて、真っ赤な顔をしている。女性速記官が白いハンカチで口を押さえている。

「すべての被害者に心から謝罪いたします。余生を社会奉仕に生きたいと念じております」

猫田は深々と頭を下げた。

（もう嘘をついてるぜ）と関川は思う。だが、（せめて今だけはネコを信じてやりたい）とも思った。


一週間後。

「判決を申し伝える。被告人を懲役一年六ヵ月に処する」

ネコこと猫田定吉は、頭を下げたまま後ずさりし、刑務官に脇を抱えられて退廷する。猫田は退廷の際、傍聴席の関川に向けて、手錠の先の手のひらを横に振って、ほっとしたような感謝の表情を送った。関川は、うまくいって二年とみていたが、判決は思ったより軽かった。ネコも想定外であったのかもしれない。とにかく、法廷で言ったネコの証言が本音であってほしい。今度こそ真っ当に暮らしてほしい、と念じながら、裁判所を出た。

加藤警部が関川に小声で言う。

「先輩、今度出てもネコは必ずやりますよ」

「カトちゃん、信じてやるべえよ。ハッ、ハッ……」

青一色に晴れ渡った七月の空に向かって、関川は大きく両手を広げて背伸びした。

「刑事バカね」

拝啓　ジン様。

筆まめなネコから、桜の花マーク入りの封書が届いた。

「『想像していたより刑が軽くすみました。これもジンさんのお陰です。落ちる場所（刑務所）が心配です。物心両面で大変お世話になりました。今後は本当に真面目になり人生を全ういたします。出来れば忙しい身のジンさんが、面会や差し入れなどしやすい前橋刑務所で服役したいので、そうなるように努力します』だってよ。冗談じゃあねえぜ。網走《あばしり》（刑務所）にでも行ってくれた方が助かるのになあ」

ネコの手前勝手な手紙を声を出して読み、関川はハハッ、と笑った。

「あなた、ネコさんの面倒見るの、ほどほどにした方がいいんじゃないの。もう刑事じゃあないんだからさあ」

女房の恵子《けいこ》が茶を注ぎながら、顔をしかめる。

「ヤツは他に頼る人がいねえんだから、仕方なかんべえ」

「だってネコさん、あなたが高崎署のとき、中山《なかやま》（刑事）さんの奥さんにラブレター出したんだってね。怖いわー」

「ハッハッ、あれはラブレターじゃあねえよ。ネコの引き当たり捜査の時に、中ちゃんの奥さんがいつも二人分の弁当を作ってやったからな。天涯孤独のネコは感激したんだ。うんめえなあ、うんめえなあって涙をこぼしながら食べたんだよ。愛に飢えている者は、温けえ人の心に弱えんだ。ネコは嬉しい気持ちそのままを手紙に書いただけさ」

「だから深入りしすぎるのは……」

「心配するなって。大政《おおまさ》（小林《こばやし》刑事）なんか江本《えもと》の仲人までやってるんだぞ。仲人は一生親代わりだよ」

「それもあなたがやってやれって言ったからでしょうが」

「三〇年も刑事をやってたんだよ、俺は……。警察を辞めてからも俺が捕まえた盗人たちが訪ねて来たり電話してくるんだ。これも、刑事の勲章さ」

「あなたは（警察を）辞めても、相変わらずの刑事バカね」

刑事の女房を何十年もやっていれば、自然と犯罪現場の匂いみたいなものが染み込んでくる。彼女も結構こんな会話を楽しんでいるようだ。

ネコのおねだり

猫田は希望どおり、前橋刑務所に収監された。一ヵ月後、関川は猫田と面会した。

「いやあ、ジンさん良く来てくれたねえ」

「身元引受人じゃあ、しょうがあんめえ」

「今さ、腕を生かす床屋をやってるんだ。出所間近い囚人の髪は長く、そうでない囚人は丸刈りさ。刑務官の頭もやるからさあ、信用ねえとさせてもらえねえ職場だよ」

「ネコちゃんの頭じゃあ丸刈りも関係ねえよなあ、ハッハッ……」

「良く言うよ、ジンさん」

「体の調子も良さそうだなあ」

「あー運動も出来るからな。部屋ごとに野球のチームを組んで対抗試合をしてるんだよ。優勝すれば石鹸一個いただけるんで、一生懸命さ。俺はファーストだ。結構うまいんだよ。元気でいるから心配ないよ」

「何をやっても相変わらず要領がいいなあ、ネコちゃん」

「ジンさん、でかい声で言わないでよ。それよりさ、今度下着を買うので、現金を入れて頂戴。それと、スポーツ新聞頼む。事務所に寄って手続きしてくんない。それと……」

「まだあるのか？」

「出たら運転免許を取りたいので、教習の本を買って入れて頂戴。出来れば運転試験場の問題集と日本の道路地図も頼むよ」

「おいおい、出たらまた全国行脚《あんぎゃ》のこれ、か？」

右手の人差し指をカギにして、関川が言う。

「違う、違う。滅相《めっそう》もないよ。道路を忘れないようにしておかないと正常な仕事に就けないし、時代に遅れるからよ」

「本気か？」

「本気さ。それと、中国語を勉強したいので、分かりやすいテキストを入れてくれよ」

「何のために今更中国語なんだい？」

「将来はさあ、大国の中国を頭に入れておかないといけないよ。絶対に役に立つんだからさ」(この男の本心は、死ぬまで付き合っても分からねえ) 関川の脳裏を、「あまりネコさんに深入りしない方が――」と言った女房の言葉が一瞬よぎった。

ネコの知恵

――猫田は頭の回転が速く、要領もいい。人に対する取り入り方は生来備わっている彼の特技のようなものだ。人を観察する時の彼の目は、名刑事の目と同じだ。

とにかく、留置人は暇なのだ。取り調べを受ける他は、食って寝るだけだ。何もやることのない彼らは、看守係の行動に目をやり、その言動に耳を傾けている。看守警察官の不用意不穏当な言動は、時に大騒動や大問題にまで発展する。看守係は、常に彼らから観察されているのである。

猫田の観察眼は特に鋭く、知能的である。彼はいつも自分の量刑や出所した後の事ばかりを考えている。看守係の勤務は三日か四日に一度だが、留置人は毎日看守係を見ているのだ。

「Bさん、今日は顔色冴えないけど、風邪でも引いたかね。それとも子どもさんの具合でも悪いかい」

「もう子どもさんも受験だんべー。心配だねえ、合格祈ってるよ」

などと、さりげなく声をかけたり、

「今日は顔が黄色いよ。ゆんべやりすぎたんじゃあねえの」

などと軽い冗談も飛ばす。スポーツ新聞を見ながら、野球好きの看守には野球談義、サッカー好きの看守にはサッカー談義と話題は幅が広い。盗人稼業の猫田が時に経済問題や治安問題までを他の留置人に滔々《とうとう》としゃべるのだから、看守係も笑いが止まらない。デカたちも、取り調べと称して、猫田に協力してもらうことも多い。完落《かんお》ちした後の彼は、積極的に捜査に協力する。だが、それは頼む方の刑事次第である。彼が気に入ったデカにのみ、刑事指導官にでもなったような態度で、種々のたまうのだ。

「××が、どうしても歌わねえんだ」

と言うデカに、

「ヤツの心配事は中学生の子どものことだよ」

とか、

「ヤツは年取った母親が心配なんだ。そこを押してみな」

などと、ツボを提供する。

「最近、こういう手口の店舗荒らしが頻発している。心当たりはねえかい」

と話を向けるデカに、

「そりゃあ、××じゃあねえかい」

などと、ドロボー仲間の情報も提供する。

刑務所でも、同じだ。刑務官の頭を刈りながら、

「疲れているようですねえ。肩でももみましょう」

「ハンサムな顔立ちなので、もっと長めの髪の方が似合うと思うけど――」

とか、話しかける。彼は、警察の留置場でも刑務所でも、その場の規律をきちっと守り、恰幅のいい体全体を使って汗をかきながら真面目に務めるので、担当官の受けはどこでも良い。そのため月一回許された面会も、月二回、週一回と短縮していった。そして、猫田の刑期は三ヵ月短縮され、一年三ヵ月の実刑で仮釈放が決まったのであった。

「良かったなあ、ここまで迎えに来るから――」

「それはやめてくれ」

猫田は顔の前で、ダメダメと右手を左右に振った。

「どうしてだい？」

「勘弁してくれよ、ジンさん。ここに迎えに来るのは、これだよ」

猫田は、顔の頬に人差し指をあてて切り落とす仕草をする。それはヤクザ者の世界の仁義であり、ドロボーには出所祝いなどはない、というのだ。

「最寄りの新前橋《しんまえばし》駅まではここ（刑務所）で送ってくれるからさ。駅で解き放ちになるので、高

崎駅で待っててくんない。それと、出たあとは金もかかるので、少し都合してよ」

ダメ息子と父親の会話のようであり、ネコは悪びれた様子もなく、自然に言うのである。

久しぶりの娑婆《しゃば》

二〇〇四年一〇月×日。正午少し前、関川は高崎駅西口の改札口で、猫田を迎えた。

色白で長身のダンディーな関川と、背は低いが肩幅広く胸の厚い貫禄十分の猫田が、「よお！」と互いに右手を上げて、親しみを込めて落ちあう。

二人が、元群馬《ぐんま》県警名うての名刑事と大ドロボーであるなどとは、神のみぞ知るである。

猫田の服装は黒のシャツに黒のジャージ、黒のパンツに黒のスニーカー。そして禿げ上がった頭には、お気に入りのカンゴールブランドのハンチング。この色も黒だ。事務所荒らし現行犯で逮捕された時の服装と同じ、即ち夜盗用の仕事着であるから、すべて、黒ずくめだ。だが、一流のブランド品なので、なかなか洒落て見える。

「ネコちゃん、とにかくお祝いすべえや。何がいい？」

「ラーメンが食いてえー」

「相変わらずラーメンが好きだいなぁー」

二人は駅前の高島屋《たかしまや》デパート四階食い道楽コーナーにある、中華飯店に入った。

「まず、出所祝いだ、ネコちゃん」

「すまねえ、ジンさん」

二人は、ビールで乾杯した。猫田は餃子を口に放り込んでは、ラーメンを啜《すす》り、コップのビールを飲んだ。たちまちに、ビールの大瓶二本を空にした。関川は乾杯のビールを飲んだだけで、猫田がコップを空ける度に注いでやった。四人前注文した餃子の大皿も空になり、ラーメンは汁まで飲み干した。

「あ～うんまかった。ごちそうさまでした」

猫田は汗が玉になって吹き出ている、禿頭を下げた。

「これからどうする？」

「とりあえず三ヵ月は仮釈なので、住所をはっきりさせなければならないんだよ」

「仮釈済むまであっしの家に来るかい？」

「とんでもねえ！」

顔と右手を一緒に、横に振った。

「身柄受けのジンさんに前《まえ》持ちの俺が迷惑をかけられるかい。東京《とうきょう》都内の更生保護施設に世話になるよ。仕事は床屋の技術を生かして、どこかの床屋の世話になるつもりだ。連絡を密にするから携帯電話の番号を教えてくれよ」

と言う。

関川は内心ほっとした。じゃあ世話になるか、とでも言われたら大変なことであった。二人の娘が嫁いでから夫婦二人だけの生活であり、空いている部屋はあるが、妻の反対は分かり切っているのだ。

関川の妻にしては、猫田が刑務所に入ってから送られてきた段ボール箱二つ分の衣服や靴などを保管すること事態が、やっかいなことなのである。

「ドロボーしたお金で、グッチだ、ダンヒルだ、カンゴールだ、ルイ・ヴィトンだ、とかのブランド品をよく買えるもんねえ。もっとも、そういうお金だから買えるんだよね。虫にでも食われたらこんな高価な物弁償できないわよ」

と愚痴《ぐち》りながら、時折、虫干しをしてやっているのだ。

携帯電話

――三日後、猫田から電話が来た。

「仕事が見つかった。今流行の一五分床屋で、一人やるごとに、三〇〇円から四〇〇〇円の賃金が貰える。一日平均で三〇人位で一万円の稼ぎにはなるから、生活していくには困らない」

と言う。

東京の猫田から一日一回、関川の携帯に電話連絡が入る。「勤務中はジンさんに迷惑をかけるから」と大抵の場合、夜の七時から八時頃にかかってくる。「今日は何十人床屋したから疲れたよ。血圧も高いんだが医者にも行けねえ」とか、「保護会のめしはまずくって食えねえからほとんど外食なんで金もかかるよ」とかの、愚痴話が多い。

ある日。

「公衆電話では不便なので携帯電話がほしい」と言って来た。

「自分で買えばいいではないか」

関川が言うと、

「今の住所ではドコモで携帯を貸してくれない。前持ちのみ入居している施設だし、今まで何度となく利用代金未払いで逃げている者がいるため、貸し出しストップになっている」と言う。

あまりにもせがまれるので仕方なく、電話の使用代金は猫田が働いて振り込む、との約束で、関川名義で猫田専用の郵便貯金通帳と携帯電話を渡してやった。それからは、午前一回午後一回、多い日には、六、七回も電話して来るようになった。さしたる内容もなく、業務にも支障があるので、「そんなに何回も電話すると料金がかさむから必要なとき以外連絡しなくてもいいから」と言うと、一日一回の連絡となった。

女ができたんだ

猫田が東京で床屋の仕事に就いてから約三ヵ月経った五月の連休明けのある日。

バリッとした茶のスーツに格子模様のネクタイ、茶の鰐《わに》革靴を履き、右手にルイ・ヴィトンの鞄を下げた恰幅のいい紳士が、関川が相談役となっている、葬儀社「高花《たかはな》」の二枚引き戸のガラス戸越しに、中をのぞいている。

「ネコちゃんじゃねえか、どうしたい？　いやにきめこんじゃってさあ、まあ入れよ」

関川が大声をかけた。猫田は照れ笑いをして、もじもじしている。

「入れよ」

「サツ（警察）は慣れてたけどよー、葬儀屋は何となく入りにくくってねえ」

三〇センチほどガラス戸を引いて、丸くてでかい頭を入れて、言う。

「それじゃああれかい、深夜丑三《うしみ》つ時にでもならないと（関川は、指をカギにして見せ）入れないのか」

「バッ、バカな、バカ言うない。今はもうすっかり足を洗ってマジの堅気だい。ちょっと相談にのってもらいたくて来たんだよ」

猫田は顔を紅潮させ、ムキになって言う。

「いやあ、悪かった。じゃあ外で昼飯でも食いながら話すかい」

二人は近くの中華料理店に入った。

「実はジンさん――」

コップの水を一気に飲み干して、猫田が話し出した。

「今の仕事は一日中立ち通しでさあ、金にはなるけど俺ももう年だし、体力的に無理なんさねえ」

深刻な顔で腕組みをする。

「体の具合でも悪いのかい？」

「そうじゃあねえ。きついから職を変えたいと思ってさ。いいかなあ、ジンさん」

「だけど、床屋始めてまだ三ヵ月だろう？　腕はいいし、金にはなるしさ、辞めたらもったいねえんじゃあないの？　もう少し我慢が出来ないのかい」

関川は顔をぐっと猫田に近づけ、目の前で右手人差し指を「カギ」にした。

「これをやってると、汗をかく仕事が続かねえんだろう」

と声を落とした。口元は笑っているが、底光りする刑事の目が、じっと、見つめる。

「俺、マジだって言ってるだろう、ジンさん。まあ、もう一度考えてみるけどよ、実は俺にぞっこんほの字の女がいるんだ。三〇も年下なんで、今考えているところなんだよ」

「そうかぁー、良かったじゃあねえかい。恋愛は自然の成り行きだよ。年齢に関係ねえよ。ネコちゃんどう思ってるんだい、その女性――」

「俺にあんなに尽くしてくれる女はいないと思ってるよ。今までの人生でもいなかったな。身を固めたいと思うけど、何せ年齢だし、前科もうんとあるしなあ」

フウーと小さくため息をつく。

「しかしなあ、前科があっても結婚している人は世の中いくらでもいるぜ。自然に付き合いを続けていって、自然に一緒に住むようになればいいんじゃあねえのか。そのためにはしっかりした仕事に就いていている事が大事だよ。ところでその女の人、ネコちゃんの仕事（目の前で指をカギにして）知ってるの？」

「知らねえ、知らねえー、俺のことを社長さんって呼んでるんだ。会社やってるって言ってあるから……」

周りの客を気にしながら、小さく言って、照れ笑いをした。

嫌な予感

一ヵ月後。

「やっぱり床屋の仕事は辞めたよ」

猫田から電話がかかってきた。

「山手線を一回りすれば金になる仕事があるので、今その仕事をしているんだ」

「ネコちゃん、悪い道に走るなよ」

「それはよく分かっているから大丈夫だよ。身元引受人のジンさんには絶対に迷惑はかけねえよ。出所後昔の仲間から何人も電話や手紙があってさ、仕事を手伝ってくれと言われたけど、もちろんうまく断っているよ」

「また元の道にいくんじゃあねえだんべえなあ。ネコの金庫破りは一流中の一流だからなぁー、心配なんだよ。仲間がほっとかねえからなあ。俺のところにも、刑務所でネコちゃんと同室だったという男から、ネコちゃんの居場所を教えてくれという手紙があったよ。山田とかいうヤツだよ」

「ああ、そいつはまだ駆け出しの三下の盗人さ。教えたのかい」

「教えるわけねえだろう」

「約束したろう、ジンさん。二度と馬鹿げた事はしないと……。真っ当に生きるってさ」

「分かったよ、頼むぜ、本当によー」

「よく分かったよ。また連絡するからさ」

猫田からの連絡は、その後、ぷつりと途絶えた。

ネコのヤツまた始めたかな。関川は嫌な予感がした。これまでも長い期間連絡が無いときは、必ず、仕事?中か、塀の中であった。真面目に働いていれば連絡をせずにはいられない男だ、と思っている。

関川は三〇年以上の刑事警察の中で、多くの犯罪人と出会ってきた。そして盗人稼業が辞められずに刑務所を出たり入ったりしている者を、何人も知っている。彼らは、怖いけどあのスリルと緊張感はなんともいえねえ、と言う。汗をかくことを最も嫌う人種になってしまうのだ、とも。

寒い朝、病院からの電話

猫田から何の連絡もないまま、上州名物の空っ風が吹き荒れる寒い冬の気節となった。朝から粉雪が風に舞っている寒い二月の始め。埼玉県熊谷市《さいたまけんくまがや》の中央総合病院から、関川の携帯に電話が入った。

「熊谷中央総合病院の医師でSと言いますが、関川さんでしょうか」

「はい、関川です」

「実は、緊急で入院した患者さんが、『この人以外に身寄りがないので連絡を取ってくれ』、と関川仁さんの名刺を差し出したのですが、猫田定吉という患者さんご存知でしょうか?」

「はい、知っております。病気はなんでしょうか？」

「脳梗塞です。今朝、サウナで倒れ救急で運ばれたのです」

「手術ですか？」

「緊急に手術しないと死に至るケースです。患者さんは関川さんに承諾を取ってくれと言っていますが、手術してよろしいでしょうか」

「お願いします。よろしくお願いします」

青空は見えるが、北風に乗って飛来した粉雪が飛び交う、寒い日であった。

利根川《とねがわ》を境にして隣接している埼玉県の熊谷市までは車で一時間とはかからない。関川は社長の花田に「ネコが入院したちゅうんで、行ってきますけど」と耳打ちし、自家用車を運転して病院に行った。

猫田は手術中であった。指定された待合室で三〇分ほど待っていたら、担当医師に呼ばれた。色白でふっくらとした顔の中年の医師は、終始笑みを絶やさない優しい表情で、脳のＣＴ画像を何枚も示しながら、手術経過を関川に説明した。

「患者さんが市内のサウナでぐずぐずと倒れ、救急車で運び込まれたときは、まだ意識ははっきりしておりました。連絡先は？と尋ねたら、関川さんの名刺を差し出しまして、『私は身寄りがないので、この人に連絡して下さい。私はその人の言う事は何でも聞きますから』と言いながら意識が無くなったのです。幸いに、倒れてから手術まで一時間以内であり、梗塞の部位も良かったので、手術はうまくいきました。従って、生命に別状はありませんが、リハビリをしっかり行う必要があります」

と言う。

関川は安堵した。礼を言って退室すると看護師長を名乗る女性が、ナース室に来てくれと言う。そこで、入院手術とその後の措置等についての承諾書のような書類と、入院中の心得とか細かい契約書みたいな書類を渡され、署名と押印をしてくれ、と言われる。一日当たりのベッド料金から、貸しユカタ、貸しタオル、食事時に配るおしぼり代金、テレビの使用料金に至るまで、こと細かく記載されてあった。

関川は言われるままに、署名をして、押印した。

住所不定、盗人稼業の猫田定吉には、国民健康保険証などは、無い。手術、入院費等一切の費用が相当の高額になることは分かり切っている。

(弱ったぞ。保証人のところに、署名をしてしまったし……) 関川の脳裏を、妻の怒った顔が、一瞬よぎった。とにかくネコの顔を見てから、と思い看護師に部屋を聞くと「まだ麻酔から醒めずに昏睡状態で寝ている」というので礼を言って病院を出た。空は厚い雲で閉ざされており、辺りは、本格的に雪が降っていた。

（身元引受人も容易ではないなぁー）

心は重かった。

面会、大粒の涙

二日後の土曜日の夕方。

関川は、術後の経過が良く四人部屋に移されていた猫田を見舞った。猫田は目を見開いて関川を見つめ、ぐるりとした両の眼から、ぼろぼろと大粒の涙をこぼした。

「軽くて良かったじゃあねえかい、ネコちゃん」

猫田は、笑顔で声をかける関川の右手を両手で握りしめると、顔をくしゃくしゃにして、声を出さずに泣いた。

「今まで、寝泊まりはどこでしてたんだい」

「駅の前のカプセルホテルに寝泊まりして、例の仕事をしていたよ」

「例の仕事って——これか？」

関川が目の前で、人差し指をカギにした。

「ジンさん、その指はもう勘弁してよ。それはやってねえって約束したろうが」

猫田が目をつり上げた。

「やあ、悪りい、悪りい。だってネコちゃん、例の仕事の内容、俺まだ聞いてないもんなあ」

「山手線を回りながら読みたての週刊誌を集めるんだよ」

猫田は声を低めた。

「へえー、そんなんで仕事になるんかよ」

「一〇〇冊ぐらいは集まるよ。一冊五〇円で仲間に渡すんだ。床屋ほどにはならないけど、楽だからよ」

「洗濯物はどうする？　下着や着替えは？」

話題を変えた。

「着の身着のままで入院しちゃったからね。彼女に買ってきてもらうから、お金頂戴」

照れ笑いをする。

「彼女って、例の若い女の人か？」

「そう。意識が戻ってから電話したら、毎日来て身の回りの世話をしてくれてるんだ。今日も来たよ」

「身寄りがないと言って、毎日女房のような女性が来て世話焼いてもらってるんだ。看護師さんに何か言われなかったかね」

関川はむっとした顔をした。それなら最初からその女に連絡してもらって、保証人になってもらえば良かったじゃあないか、と思ったのだ。

「その女性は、この街に住んでるの？」

「そうです。スナックを経営している中国人女性でね。色が白くて、背が高い美人さんなんですよ」

嬉しそうに言う。

「のろけるな！　それじゃあ、今晩そのスナックに寄ってお礼を言っておくが、お前がこれ（指をカギにした）って知ってるのか」

「またその指を！　俺は社長さんって思われてるんだ。絶対に言わないでくれ」

「この病院の人たちは知ってるのか」

「知らないよ。俺の保証人はジンさんなんだから――」

「この部屋の人たちは知ってるの？」

関川はわざと意地悪い質問を並べた。

「知るわけないでしょう」

猫田は顔をしかめ、声を潜めた。

「今度お前が俺の言うことを聞かなければ、バラすぞ！」

厳しい顔で牽制《けんせい》すると、

「勘弁してよ、ジンさん。虐《いじ》めないでよ」

猫田は真顔になって、包帯の巻かれた痛々しい頭を下げた。

「分かったよ、ネコちゃん。話もしっかり出来るし安心したよ。これで下着でも買ってもらいな」

一万円札を一枚渡すと、猫田は満面の笑みで、両手を合わせた。

ランちゃん

中国女性がやっているというスナックは、すぐに分かった。店を開けたばかりで、客は一人もいない。店内には若い外国人ホステスが五人、隅のテーブルに座っており、カウンターの中に、ママさんらしい中国服の女性が居る。

間口一〇間、奥行五間。七人座れるカウンターに、三点セットのソファーが四つ。関川の脳膜には、店内の女たちと店の構造が、自然と焼き付けられる。これもデカの習性だ。

「いらっしゃいませ」

不揃いのアクセントと共に、国籍不明の彼女たちの目が、一斉に関川に向いた。

「ママさん、ですか?」

カウンター内の女性に声をかけた。猫田が目を細めて言ったとおり、背の高い顔の小さい美人だ。

「はい。ランと申します」

流暢な日本語で言い、笑みをつくった。

あーそうか、ピンと来た。ネコが中国語会話の本を買ってきてくれと言った訳が……。

「ジンさん、ですねえ。社長からいつも聞いております」

（ネコが、社長か――。ウソはドロボーの始まりって言うけど、ネコは既に大ドロボーなんだからな、このくらいのウソ。何て事ねえか）笑いたいのを我慢して、

「今病院に行って来ました。猫田が大変お世話になっておるようで――」

長身の体をしっかりと折って、礼を言った。

「あたしこそ、社長さんにお世話になっております」

ランというママは、ちょっと、恥じらいの表情を見せた。

「ネコちゃん、いつ頃からここへ来てるの？」

椅子にかけながら訊ねる。デカのような口調になっている自分を意識した。

「そうねえー、四年くらい前から来てるよ。ほとんど毎日ね」

と言ってから、

「でも、一年くらいプツンと来ないときあったよ。仕事で外国に行ってたと聞いたよ」

と言う。

刑務所の高い塀の中は、外国か……。おかしくなってきた。

「ジンさん、飲んでいってね。社長さんに言われてるの。いっぱい飲んでもらってくれって、ねえ」

「ネコちゃん、いつもなに飲んでるの？」

「フランスの高級ブランデーよ。ナポレオンとか……。開けるわね」

「いや、俺、ブランデーはダメだ。ビールでいいよ」

ママが、白色のブック型陶器で、栓がナポレオンの顔になっているブランデーに手を伸ばしたのを、慌てて制した。

(下着買うからお金頂戴なんて言いやがって。何が高級ブランデーだ) 段々に、腹が立ってきた。

「ところで、ランちゃん、独身？」

話題を変えた。

「今、独身だけど、中国に子ども一人いるよ。もうすぐ日本に連れてきて、日本語と中国語を覚えさせるよ。私自動車の免許証持ってるから、今度ジンさんのところ、遊びに行くね」

と如才ない。明るくて面倒見の良いタイプだ。ランと話しているうちに、客が二人、三人と入って来る。店は毎日盛況らしい。

「社長の見舞いに来たときにまた寄らせてもらうよ」

若い美人ママの如才ない接待に気分良く、ビール一本とウイスキーをロックで数杯飲んだ関川は、帰りがけに、軽い口調で言った。

「ジンさん、絶対に来てね。待ってるからね。来るとき電話頂戴。駅まで迎えに行くよ」ランが胸元から名刺を取り出して、関川の手に持たせた。

名刺には、「黄蘭《オーラン》」とあり、その下に、携帯電話番号が走り書きしてあった。

（ネコを親切な社長と信じ込んでいる娘のようなランちゃんに、ドロボーネコの片棒を担ぐようなウソを言ってしまった）。タクシーの中で、関川の心は痛んだ。

その後関川は、土、日を利用して三度猫田を見舞った。ランが熊谷駅まで車を運転して迎えに来てくれた。行くたびに猫田の症状は回復している。ネコらしい饒舌《じょうぜつ》も戻って来ている。が、右足のしびれが残っていると言い、杖をついて歩いていた。ネコがベッドに戻ると、ランちゃんが、しびれている方の右足を優しくさすってやる。優しく父を介護する娘と嬉しそうに目を細めている父親――。誰の目にも、そう映った。

「俺は幸せものです」

猫田が入院して約一ヵ月経った三月の始め。

「外出許可が下りたんですけど、これから行ってもいいですか？」

猫田から、電話がかかって来た。関川がいようがいまいが、好きな時間に、好き勝手に、ふらっと訪ねてくる猫田から、アポが入ったのだ。

「じゃあ、昼飯でも食おうよ」と言ったら、丁度正午頃、猫田が訪ねて来た。

杖をついて、右足を少し引きずるようにして歩いている。

分厚い胸を張り、柔道家のように足を開いて歩く猫田の姿ではなかった。痩せたせいで、黒いスエードのジャケットが、だぶついている。お気に入りのカンゴールのハンチングは相変わらず頭から離さないが、丸くてでかい顔も一回り小さくなっており、艶のない表情が、弱々しい。

「ネコちゃん、外出はまだ無理なんじゃあないの？」

中華料理店の小部屋に座るなり関川は言った。

「いやあ、大丈夫だよ。早く体を慣れさせないと足腰が弱くなるからね。これもリハビリだよ、ジンさん」

「それならいいけど。じゃあ、いつものラーメンに、ビール一本飲むかい？」

「いや、ビールはいい、いい」

猫田は顔の前で、右の掌《てのひら》を左右に振った。

「ジンさん、今日は一言お礼を言いたくて来たんだ」

神妙な顔をして、テーブルの上に両手をついた。

「なんだい、改まって？」

「ジンさん、俺は幸せ者です。脳梗塞で倒れて入院して、いろいろと考えたんですよ。病院は嫌だけど、人生を考えるいい機会を与えてもらったと思ってます。今までの盗人人生を振り返ってね。へへへ……」

照れくさそうに禿げ上がった頭をかいた。

「シャバとムショを行ったり来たりの俺みたいな悪が、よ。警察署長までやったジンさんに何十年も世話になって、よ。ガラウケ人にまでなってもらったんだから、よ。俺の盗人人生を振り返ってよ。社会が悪い、シャバが悪い、なんて開き直ってちゃあ申しわけねえやって、ね」

「これから充分やり直せるさ。ラーメン食うべえじゃねえー。伸びっちゃうぜ」

いつもと違う猫田の様子に、関川は内心、ちょっと戸惑った。

「家庭を持って、何人子供がいてもさあ、独りぼっちの不幸な年寄りは沢山いるよ。だけど俺は孤独じゃあねえ、ジンさんがいてくれるし、娘みたいなランちゃんが世話してくれてるんだ。今が一番幸せだって気がついたんだよ。それで、お礼が言いたくなっちゃってさ。へ、へへ……」

両目に溜まった涙を隠すように、ラーメンを啜る。右目からこぼれた涙が、すうっと、頬を伝って落ちるのを、右手の甲で拭う。

「ジンさん。――俺はよー、畳の上では死ねねえと心に決めてたけどよ。俺も人並みに一度家庭ってやつを持ってみてえ、そんで、出来たら畳の上で死にてえー、なんて思ったりしてよ。へへ……こんな体になっちまってから、人並みに……なんて、卑怯だよねえ。これまでもジンさんや判官（裁判官）の前で、『真っ当に働きます』なんて、何回も言って裏切って来たくせによ。けど、その時はいつも本音だったんだよなあ、今更、無理な戯言だけどよ」

麵を啜りながら独り言のように言う。

「無理じゃあねえよ、ネコちゃん。ランちゃんさえ良ければさ、年の差なんて問題じゃあねえさ。そのためにはさあ、早く体を良くして、真っ当に働く事だいなあ」

「俺も、よ」

猫田が顔を上げた。ぐりっと見開いた眼の奥が、一瞬光った。

「真っ当に働いた事も何度かあったんだけどよ。どうも、何か、物足りねえ、やりがいっていうか、生き甲斐っていうか……。盗人が悪い事だなんてこたあ百も承知だけどよ。俺の目指す究極の手口でよ。うまくいった時のぞくっとするスリルと達成感が堪らねえんだ。

ジンさんのような名刑事たちに追われながらよ。天井抜きや二点割りの手口でまんまと宝を手に入れた時の感動つうか、ぞくぞく感みてえなものが、身に染み込んじゃったんだ。でも、もうやらないよ。何も知らないランちゃんを悲しませたくねえからよ。

ごめんなさい、ジンさん。ジンさんだけには、何一つウソを残さないで死にてえと思ったんです」

顔が紅潮し両目が再び潤んで来た。

「俺とランちゃんを裏切るなよ。今度ウソついたら、勘弁しねえぞ」

「恩人を裏切ったら罰が当たりますよ。それとね、俺も死ぬ前にね、人並みに所帯を持って、市民税とかいう税金を払ってさね、健康保険証というのを持ちてえってね。今度入院してつくづく感じましたよ」

「そうだよなあ、お前の病気はみんな刑務所で治してるんだものなあ、国費でな。ハハハ……税金も消費税以外は払った事ねえだんべえ。そうだ、ランちゃんと早く所帯持ちなよ」

「…………」

猫田はニヤニヤしながら、頭をかいた。

関川は高崎駅までのタクシーを呼び、猫田のジャケットに一万円紙幣を一枚入れてやった。猫田は嬉しそうに手を振りながら、病院に帰って行った。

（今日のネコは信じるしかないが、明日のネコはどうなるのか……）遠くなっていくタクシーを目で追いながら、関川は心の中で呟いた。

ネコ、脱院

一週間後。

熊谷中央総合病院の看護師長から、

「患者さんが外出したまま帰ってこないので困っています。何か連絡する方法はありますか？」

と電話が入った。一抹の不安が現実となったのだ。

「とりあえず連絡をとってみます」

言ったものの、心の中はざわつく。

（ネコのヤツ、始めたかな？）と刑事勘が働く。

猫田の携帯に電話したが出ないので、ランちゃんのスナックに電話する。

「社長さんから、東京で働いているから心配するな。ジンさんには絶対に迷惑をかけないと言ってくれ、とだけ連絡があったよ。だけどわたし、社長さんの体のこと心配だよ」

ランの電話の声に、悲しみが漂う。

（入院費用は俺が支払うしかねえか）と思う。

「だから言ったでしょう。猫田さんとの関係はほどほどにしなさいって……」

怒った女房の顔が、目に浮かぶ。ネコのヤツ今度こそ勘弁しねえぞ！　腹の底で一人怒ってみたが、どうしようもないことであった。大体ドロボーの言葉を真に受けるのが間違いなんだ、と自嘲するしかなかった。

翌日、関川は病院の事務課に行き、三月中に責任をもって支払いをする旨伝えた。事務課長を名乗った五〇前後の頬骨の張った男は、ほっとした顔になり、用意してあった請求書を気の毒そうに関川に手渡した。

処置費、手術費、入院料、洗濯代からオムツ代に至るまで、二列にわたって数字が並び、合計請求額は、一二〇万九五五〇円だ。

関川の胸はドキンと高鳴り、頭に熱い血が上った。女房の怒り顔が、大写しになって、脳裏をよぎった。（健康保険の効かない医療費ってこんなに高額なのか、しかし何としても払わなくてはならない金だ。女房に頭を下げるだけだ）と自分自身を納得させる。

（それにしても、ネコのヤツめ！）また、腹が立ってきた。

「恵子――、困ったことが起きちゃったよ……」

その晩、ネコの一件を話そうと切り出したら、

「ネコさんのことならあたし聞きませんよ。ネコさんはあなたの親友なんでしょう」

と、そっけない。

「なにもお前が心配することないさ。大したことじゃあねえけどさ……」としか言えなかった。

決断力、判断力に優れたかっての名捜査官も、女房の前では全く歯切れが悪かった。

刑事日報

三日が過ぎた。

（今日こそ病院に支払いに行かなければ……）と思っていると、病院の事務課長から高花《たかはな》の関川に、

「猫田定吉さんの入院治療費のお支払い早速にいただきましてありがとうございました。領収書はどちらへお送りしたらよろしいでしょうか？」

と電話が入った。

「えっ、支払いをした？　……誰が、ですか？」

「熊谷市のオー・ランさんからいただきましたので、仮の請求領収書をお渡ししておきました」

「ああ、そうですか、ランさんですか。それなら領収書もランさんに送って下されば結構です」

ほっとして受話器を置いた。

（あんな大金をランが支払ったとは思えない。とすると、ネコがランちゃんに金を渡して支払いをさせたのか？　となると、その金はヤマ（犯罪）を踏んだものか？）

気を巡らせていたところへ、高崎署の加藤警部から、電話が入った。

「早速ですが、ネコとは、最近連絡が取れていますか？」

相変わらず、早口で、せわしい。

「どうしたい、カトちゃん？　ネコは二月×日に熊谷市内のサウナで脳梗塞で倒れて入院したんさね」

「ええっ、じゃあネコは入院中ですか？　ダメ、なんですか？」

思惑が外れたのか、トーンが下がった。

「処置が早かったんでさあ、命には別状ないよ。だけどさあ、一週間前にネコのヤツ病院を抜け出しちゃってさあ、困ってるんさね」

「えっ、脱院した！」

加藤警部の声が電話の向こうで、跳ね上がった。

「それでその後連絡無しですか？」

「携帯も連絡取れねえんだ。ネコに何かあったんかや？」

「実はですねー、先輩。ここ一週間ばかりの間にですねえ、山手線沿線の事務所・工場が連続してやられてるんですよ。手口は、みんな二点割りなんですよ」

「指紋は採れねえんだ？」

「ええ、遺してねえです……ですけどねえ、先輩」

加藤警部は急に声を潜めた。

「一昨日の夜の工場はですねえ、二階が事務所になっている二階建ての小さな町工場なんですけどねえ、ここだけは、天井抜きなんですよ。金庫がやられて、被害額は八八万円です。他はほとんど一階の事務所なんですけど、侵入の手口は、二点割りですけどね。今時のドロボー野郎は、急ぎ働きの荒稼ぎですからねー、天井抜きなんちゅう手間のかかる職人芸をやるヤツなんて、ネコっきりいないでしょう、先輩。ヤツが脱院して一週間。ピタリじゃあないですか」

囁くような声が、電話の向こうで興奮している。

「そうだいなぁー」

関川も小さな声で相づちを打った。

「その情報は、刑事日報かい？」

「そうです。今朝のです」

――刑事日報というのは、犯罪捜査に関する規則の中で、特異重大な事件が発生した場合、その内容によって、全国手配、近県手配、或いは関係部署手配して犯人の早期検挙に努める事を目的とした、警察内部の犯罪情報手配なのである。

「カトちゃん、ネコの情報が入ったら何でも教えてくれよ」

（二点割りはともかくとして、天井抜きが、ネコのあの体で出来るかなぁー。杖をついて足を引きずってたのは、ネコ一流の演技なのか。そうだとしたら俺もなめられたもんだ。面倒見てやっても裏切られるのは承知の上だが、ランちゃんまで裏切ったとしたら許せないぞ。ランが支払ったネコの入院治療費は、ネコがドロボーして荒稼ぎした金なのか……？）

関川は受話器を置いてから、あれこれと、考えを巡らせた。

ネコの携帯には相変わらず電波が届かない。

「ランちゃん、その後ネコちゃんからの連絡ある？」

ランに電話すると、

「電話はあれ以来ないよ」

心配そうに、言う。

「ランちゃんが病院に支払ってくれた金はネコが送金してきたの？」

「………」

電話の向こうで、口ごもっている。

「やっぱり送ってきたんだ？」

言い方を変えた。

「現金書留で××日に送ってきたよ。入院代支払い頼むとメモ書きしてあったからすぐに支払ってきたよ」

「足りたの？」

「うん、大体ね。足りないところは社長さんから預かっているお金で支払ったよ」

（山手線の仕事ちゅうのはドロボーの下見だったのか……）と直感した。

怪盗ネコ、死す

ネコが病院を抜け出してから一〇日目の三月二×日。

「先輩、聞いてますか？　ネコが栃木《とちぎ》県足利《あしかが》市内で自転車で転倒して、頭を打って入院した、っちゅうことですが？」

早朝、加藤警部から関川に、電話が入った。

「いや、聞いてねえよ。栃木県警からの通報かい」

「いえ、うちの刑事が大島質店に立ち寄ったところ、『栃木県警足利警察署から、身元不明の意識不明負傷者が市内の病院に入院しているが、大島質店の質札《しちふだ》一枚を所持している。このような者を知っているか、と照会があった』というんですよ」

「ヤマを踏んだ後すぐに電車に乗れば、市まで一時間あれば行くだろうなー、ネコは犯行に及んだ後現場周辺に止まることはねえよな。カトちゃん悪いけど、本部捜査一課に、猫田の入院先と怪我の状況などを栃木県警に聞いてもらってくれやあ、前刑の身元引受人が知りてえってさあ」

「了解しました」

だが、入院先等の回答は一週間経ってもなかった。

(報せがないのは命に別状がない、ということか？　ネコのヤツ、ドロボー稼業から足を洗うという俺との約束を破ったので、電話ができねえのか？)などと解釈していたら、その三日後の四月×日。

「先輩、遅くなってすみません。悪い報せです。県警本部捜査一課共助・手配係からですねえ、『猫田定吉は本年三月二×日午前一時三〇分頃、栃木県足利市にて自転車で転倒、その際、電柱に頭部が衝突、A日病院に入院。脳挫傷で意識のないまま、四月×日(一昨日)死亡。なお、明後日の四月×日午後三時、足利市斎場にて火葬する』と、いうことです」

加藤警部からの電話だ。

(ネコのバカ野郎がー。所帯を持って、国民健康保険証を持って、畳の上で死ぬんじゃあなかったのか！)

心の中で、ネコを叱りつけた。淋しかった。虚しかった。腹も立った。

(悪いヤツだが、いいヤツだった)

関川だけが言える、ネコこと猫田定吉の人物評なのだ。

「先輩、あさっての斎場、行かれますか？」

「ネコをたった一人旅立たせるわけにはいかなかんべえ、カトちゃん。骨は俺が拾ってやるよ。身元引受人だしな」

「そしたら先輩、松島刑事も行きたいと言ってますので、運転させますから連れて行ってやって下さい」

「そうかい、ネコちゃんも喜ぶよ。松島はいい刑事になるよ、って言ってたからなー。ところで、カトちゃん。ネコが病院に収容された日に、足利市内の工場が天井抜きの手口で侵入されて、金庫から八八万円が盗まれたんだいなー、ヤツはヤマ（犯罪）を踏んだ直後、自転車で逃走途中に倒れたんだろうなあー」

「間違いないです。でも、被害現場には遺留品や指紋、足跡など何一つ証拠となる物は遺されていませんからねえ、先輩。所轄も悔しがってたそうですよ。死なれちゃあ調べようもねえって、ね」

「やめられなかったんだいなー、ドロボー。ネコはさあ、盗人をすること自体に、罪悪感だとか犯罪意識だとかっちゅうのを持ってなかったんだいなあ、カトちゃん」

「そうですかねえ」

「ネコはさあ、他の盗人には真似の出来ねえ天井抜きのような手口で侵入するスリル、とか、獲物を手にしたときの興奮とか達成感がたまらなくてさあ、何度捕まっても、究極の手口を求めて盗人稼業をやってたんだと思うよ。けどなあ、あの身体じゃあ、高いところはむりだったんだよなあ。それとも天井抜きは、泥棒退職前のセレモニーだったたんかなぁー」

ネコからの手紙が脳裏を横切った。

「人生いろいろ、ですか……」

「そうだいなー、捕まえるヤツと逃げるヤツ、となあ」

関川がため息混じりに言った。

最後の別れ

四月×日。

正午過ぎ、松島刑事が自家用車両で、関川の自宅に迎えに来た。

松島刑事の運転で、高崎市から約五〇キロ。群馬県東部と隣接する栃木県足利市に行き、斎場の三つある釜の三号室で、猫田の遺体を待った。釜ごとに二坪ほどの炉前室で仕切られているが、一号室は死者との永久の別れを悲しむ親族、近親者らで溢れていた。三号室は関川と松島の二人だけだ。

三時五分前、ストレッチャーに乗せられた猫田の棺が、釜の前に安置された。遺族らしい人、知人らしき人、誰も付いてはいない。もちろん寺の住職もいない。遺影もなければ、霊前に捧げる生花もない。ただ、俗名　猫田定吉とだけ記してある白木の位牌だけが、釜の前の焼香台に淋しく置いてあった。

「関川さん、ランちゃんとかいう彼女には報せたんですか？」

松島が小声で言った。

「まだ報せてないよ」

「ネコさんがドロボーだと分かったら、びっくりするでしょうねえー」

「ネコはなあ、死んでもランちゃんだけにはドロボー稼業を知られたくなかったんだよ。社長の猫田定吉でいたかったんだ。だから俺も男と男の約束を守るんだ。けど、死んだことだけは報せなくちゃあなんねえよなあ、辛いところさ」

松島の耳元で、小声で言った。

「お別れを言ってやって下さい」

斎場の職員が棺の窓を開けてくれた。猫田の死に顔は奇麗で、穏やかであった。

「ネコちゃん、ゆっくり寝ろよな」

関川は、恵子が用意してくれた菊の花で、猫田の顔のまわりを飾ってやる。この花が無かったら淋しすぎた。妻の気配りが胸にじんと込み上げてくる。

「猫田さん、お世話になりました」

刑事が大ドロボーの猫田に礼を言っている。おかしな光景だが、松島の表情には、恩師？の死に際した弟子のように、悲しみが込められていた。

捕まえる方の刑事と逃げる方のドロボー。二〇年以上も続いた不思議な出会いと縁で結ばれた名刑事と一級のドロボーの永久の別れの時だ。

松島が肩にかけていた黒い布製のバッグから、ラジカセを取りだし、人差し指で、ポンと電源を入れた。


♫わ〜かれのよーるの〜、の〜こりびの〜、
・・・・・・・
さよならあ〜ヨコハマ〜、き・りーいのまち〜
・・・・・・

石原裕次郎《いしはらゆうじろう》の曲が、流れ出した。

「ネコさんは引き当て捜査のときなんか、よく、裕次郎を唄ってましたから……」

松島が小声で言った。

「よかった、よかった。ネコは陽気なヤツだから、喜んでるよ。この歌、特に好きだったよなー」

松島刑事の心配りが、嬉しい。

（ネコが言ったとおりだ。松島はいいデカになった）と思う。

群馬県警の特別刑事指導官と若い刑事の二人が線香を捧げ、手を合わせて火葬釜に入る怪盗ネコを見送った。

そして約一時間後、二人の葬送者は、猫田定吉の骨を箸渡しで、黙々として、骨壺に入れた。

（ネコのヤツ最後まで親の事を話さなかったなぁ―。本当は淋しかったんだろうなあ）関川の片方の目から、涙が一滴、垂直に床に落ちた。

骨壺は群馬県館林《たてばやし》市の源清寺《げんせいじ》に納骨された。この寺の境内にあるＮＰＯ法人三松会《さんしょうかい》事務所が、関東一円の身元不明死体や身寄りのない死体を共同墓地に埋葬し弔っているのであった。

ネコが遺したもの

Ａ日病院から足利市役所に引き渡された猫田定吉の遺品は、黒スエードのジャケットにズボン、カンゴールのハンチング、黒の牛革靴、ルイ・ヴィトンのバッグ、小物入れ、サイフ、グッチのカバーの手帳。サイフの中には、一万円紙幣八八枚、一〇〇〇円紙幣七枚、計八八万七〇〇〇円が、きちっと揃えて入っていた。そしてカード入れの中に、高崎市の大島質店発行の質札一枚が入れてあった。

手帳には、その日の行動と現金の支払い状況が、几帳面に記されている。が、収入状況とドロボー稼業に関する件については、一切記されてはいない。彼がA日病院に収容された三月二×日以降は、空白である。

関川は、思った。三月二×日天井抜きの手口により工場に侵入し、金庫から現金八八万円を盗み取った大胆な犯行は、ネコに間違いない、と。

だが、証拠は何一つ残されていない。ネコの所持金八八万七〇〇〇円と工場の被害額八八万円は、偶然の一致と考えるしかないのだ。いかに情況証拠が一致したとしても、被疑者死亡のまま送致、というわけにはいかないのである。疑わしくは罰せず、なのである。

犯行に使ったと思われるロープ、ノコギリ、ドライバーなどの七つ道具も発見されていない。おそらく犯行後どこかで夜盗服を着替え、そこに七つ道具を隠したのであろう。

ネコの残した現金は、病院費用と埋葬費用に使われた。

超一級の盗人ネコは、窃盗犯罪の手口だけを残して、死んだ。

「ネコのヤツ、ドロボー稼業最後の大仕事として、天井抜きの手口を残したかったんだ。だとしたら、ヤツのドロボー人生もまんざらでもねえか――」

関川は心の中で、呟いた。

第三章　お祭り泥棒

祭りの夜の侵入者

北陸の地方都市、富山《とやま》市郊外の住宅街。辺りが仄暗《ほのぐら》くなってくると、五〇メートル位の間隔で設置されている街路灯が点《とも》り、家々の明かりも、点《つ》き始める。人通りのない道路を時折通り抜ける車もスモールランプの点灯を始める九月の宵《よい》の口である。

静寂とした住宅街に祭囃子《ばやし》が風に乗って聞こえてくる。笛や太鼓、大勢の人声がかたまりとなって周辺に広がっているのだ。住宅街から約三〇〇メートル離れた市の中心街は、伝統の祭り行事「おわら風の盆」で沸き立っており、三日三晩の踊りに参加する者と見物する者で隙間もなく詰まっているのであった。

道路に面して、壁の色をカドミウム・イエローで統一した横に五室二階建ての洒落たコーポが、一際目立ってある。一見して若い女性が好みそうなこのコーポのどの部屋にも、まだ明かりは点っていない。周辺の民家の明かりも、まばらだ。仕事からまだ帰らないのか、祭り見物にでも出かけているのか――。

道路側から死角になっているコーポ西側の壁に、黒のトランクス、黒のTシャツの男が、ピタッ、と吸い付き、一階のベランダの手摺《す》りを黒のリュックサックを背負ってよじ上り、鉄パイプの柵をひょいと身軽に乗り越えて、ベランダの中に侵入した。

男は掃き出し窓にぴたりと身を寄せ、耳をそばだてて室内の様子をうかがう。家人の留守を確認した男は、窓のクレセント錠の上部にマイナスドライバーを挿し当て、手の平で、トンと叩いた。窓のガラスに一〇センチ程のヒビ割れが走る。今度は、錠の下部にドライバーを当てがい、トンと叩く。ヒビ割れは、三角形状に頂点で結ばれ、割れた窓ガラスがきれいに抜け落ちる。手慣れた盗人《ぬすっと》のやる、二点三角割りという手口である。

三角形のガラスの隙間に手を入れた男は、クレセント錠を開け、窓をそっと開き、カーテンをめくって、室内に侵入した。

若い女性の一人住まいか。特有の香りが男の鼻腔から脳にツン、と突き抜ける。化粧品の匂いや室内の装飾品、カーテンやベッドカバーの色などで、どんな女性が生活しているのか、想像をめぐらすのだ。

男は一〇畳ほどの洋室をすっと見まわしてから、ピンク色の飾り棚から物色を始めた。小引き出しからダイヤモンドのリングやネックレス、ペンダントを取り出した。

(故買《こばい》価格で五〇万円は固いか)。ざっと値踏みして、男の心はニヤッと笑う。他の引き出しからも、エルメス、ヴィトンのバッグに小物類数点を取り出す。これもざっと、二〇万円は固い、と踏む。

思わぬ戦利品に、もう充分と見たのか、男は他の洋ダンスには目もくれず、奥の間に移動した。

そこはベッドルームであった。ピンクのベッドカバーに覆われたベッドは男にとってエロスの園だ。男はベッドに腰かけて感触を楽しむ。今度はベッドに横たわって、ふんわりとした枕を引き寄せ、鼻を押しつける。

ベッドの横にあるチェスト。中には、カラフルで派手な勝負ランジェリー、Ｔバックパンティーが、きっちりとたたんであった。男はそれらもリュックに放り込んだ。欲情をそそられたのか、ベッドカバーをめくり、枕に残る女性の香りを嗅ぎ、想像の女性と添い寝をするかのようにエロティックな妄想に浸るのであった。

「いいドロボー」からの電話

一九八五年六月。

高崎《たかさき》署捜査一課は、五月の既届《きとどけ》盗犯取締り検挙月間で、デカ達が言ういわゆる「いいドロボー」を各班が競って検挙するという大漁で、刑事部屋《デカ》は活気にあふれていた。「いいドロボー」とは、通常、三桁の余罪まで自供するという犯罪者のことをいっているのである。だから、六月という月は、検挙した被疑者の自供にもとづいて、犯行現場の引き当たり捜査等を行い、被害届との照合を行って、検挙事案を検察庁に送致するという忙しい月なのであった。

六月に入って間もない、宵の口。第三班長の金山《かなやま》警部補の卓上電話が、甲高く鳴った。

「おお！　庄平《しょうへい》か〜、今どこだ！」

押し殺すような声で、受話器の男に言う。

「……うん、うん分かった。いいか庄平、暗くなるまでそこを動くな！　二、三時間したらまた電話しろよな。交通機関なんか使うんじゃあねえぞ！　じっとしていろよ」

瞬《まば》きを止めた光った目をした金山が紅潮した顔で受話器を置いた。

「課長ー」

「どうした、キンちゃん、なにかあったかや」

「青田《あおた》庄平からですよ、課長ー、長野《ながの》の北佐久郡《きたさくぐん》から公衆電話です。民家に泥棒に入って家人に見つかっちゃったけど、どうにか逃げきったけど、緊配《きんぱい》（緊急配備）されて周辺を包囲されており身動きがとれねえ、てんですよ。それでヤツはですねえ、長野（県警）にはどうしても捕まりたくねえ、って言うんです。とにかくそこを動くな、と言っといたんですけどね」

金山は興奮口調で、早口に報告した。各署のデカ達が追っている全国区の大物泥棒からの助けを求める電話が入ったのだ。

「よし、今度電話が来たら、場所を定めて迎えに行って来いや。任同（任意同行）理由はあるかや」

「今足に使っている車は今年三月、高崎市内で盗んだやつだから、それでパクってくれと庄平が言うんですよ。確かに難《なん》（被害）届けは出ています」

「よし、それでいくべえ。長野さんに出会ったら、当署で手配中の自動車窃盗の容疑者だと言えばいい。放置した車はもう押さえられているだんべえからな」

警視庁も各県警もドロボー月間は仁義無き戦いなのである。長野県警に捜査協力しないで、自署の刑事が職業的常習窃盗犯罪者を迎えに行く、というのだ。

組織捜査とか広域捜査とかは、名ばかりで、これこそ刑事道に反するのだが。

だが、庄平からの電話は一晩中待ったが、来なかった。

「長野に身柄を確保されたようだなー、キンちゃん」

関川《せきかわ》捜査一課長は呟《つぶや》きながら刑事部屋を出て行った。

俺を捕まえてくれ

青田は出店荒らしの庄ちゃん、ともいわれていた。仕事場は、場末のスナックパブや外国人女性が働いている飲食店が主で、カラオケ機器の設置店であった。当時のカラオケ機器の本体価格は一〇〇万円以上もしたので大方の店はリースがほとんどだった。リースの場合月に一度の集金があるが、コインボックスの中には、どこの機器も大概一四、五万円の現金が入っていた。

「俺の泥棒人生の中でも一番稼ぎの多い時期だったでしょうよ。一日で二〇万円から三〇万円の稼ぎになるからこの金で泥棒に入った店で高級ブランデー、カミュのクリスタル、バカラ・ドールボックスと一本で数十万円もする高級酒の芳醇な深い味わいの虜《とりこ》になり、残りの金はすべて一流のホテルに女を連れ込んで使ってましたよ」

と取り調べの刑事にのたまうのだった。

彼は高崎市内で盗んだ「クラウンロイヤルサルーン」で、愛知《あいち》、静岡《しずおか》、岐阜《ぎふ》、京都《きょうと》、富山《とやま》と物見遊山、祭り見物を兼ねた泥棒行脚《あんぎゃ》。夜の八時頃から飲めや歌えやのドンチャン騒ぎ、高額なフルーツやおつまみ、ドリンク、無理と思われる女の要求にも見栄を張り笑顔で応える。閉店近く、一〇時、一一時頃にはお気に入りの女とホテルにしけ込みメイク・ラブを享楽する。翌朝八時頃には女と別れ九時〜一〇時までは出店荒らしの仕事に精を出していた。

そして、富山から長野に入ったこの日、ふとしばらくぶりの空き巣をと、長野県北佐久郡のある民家に侵入しようとしたところ、家人に見つかったのだ。犯行現場を見つかっても現行犯逮捕されたことのない庄平はこの日も逃げ切ろうと全速力で農道を走ったためハンドル操作を誤り、畑の中に墜落、そのまま車を遺留して逃走したのだった。

家人の通報により、現場付近一帯に緊急配備がしかれ、けたたましいパトカーのサイレンの音が静かな農村に響き渡った。辺り一帯は警察に完全に包囲された。彼は道路の下方を流れる幅七、八メートル位の名も知れぬ川の中に、身体を沈めた。葦の間から頭を出したり引っ込めたりして、約二時間も隠れていた。気節は六月だが水はまだ冷たい。

庄平は川の水に浸かりながら、考えた。(まあ、凶悪犯罪じゃあなく単なるドロボー事件だから、緊配も二時間で解除になるだろう)と。

そして、川から出て人通りのない暗がりを選んで歩き、公衆電話ボックスから高崎署の金山警部補に電話をかけて助けを求めたのであった。泥棒が警察に追われ、知り合いの刑事に「高崎市内で三月に盗んだ車の窃盗容疑で札《ふだ》(逮捕令状)を取ってくんない」と奇妙な依頼をするのであった。

金山は「その車の窃盗容疑では無理だから暗くなるまで待ってろ。夜中になったら迎えに行くから、二、三時間経ったらまた電話しろ」と指示した。

だが庄平は、金山が迎えに来るまで待てなかった。とにかく長野県警にだけは捕まりたくない、という思いから、自転車を盗んで、旧碓氷峠《きゅううすいとうげ》の急な下り坂を約一〇キロ、一気に降りて午前三時頃闇夜に紛れて群馬《ぐんま》県入りしたのであった。

群馬県の松井田《まついだ》町から長野県の軽井沢《かるいざわ》町に抜ける『碓氷バイパス』が出来てからは、一八の急カーブがある急坂の旧碓氷峠を通る車はほとんどなかった。夜間は真っ暗闇で、獣以外は道を横切るものさえない淋しい道を下って松井田町に入り、更に約二〇キロ自転車をこいで高崎市街に入ったのであった。

長野県警佐久署のデカたちは、庄平の身柄を取ろうと、血眼《ちまなこ》になって立ち回り先を回ったり庄平の母親の勤め先に行って、「出頭を勧めるように」と依頼したりもしていた。

彼は佐久署に捕まりたくない一心で、捜査の目をかいくぐりながら、高崎署の管内で、毎日のように、空き巣や出店荒らしなどの盗みを繰り返した。『俺は今、高崎にいるよ。早く捕まえてくれ』というメッセージであった。庄平は特異で奇行な泥棒なのである。

彼は、高崎署員がよく出入りする茶々庵というそば屋に行き、常連のお客さんと昼のソバを食べながら囲碁を打って時間をつぶしていたのだ。空き巣や出店荒らしをして、逮捕令状の要件まで作り、金山たち高崎署の刑事が来るのを待っていたのである。

そして高崎管内入りしてから五日目に、あっさりと、金山刑事らに、逮捕されたのであった。

居《い》空《あ》き、宵空き、忍び込み

青田庄平四二歳。群馬県高崎市生まれ。住所不定。窃盗前科二一犯。職業?職業的常習窃盗犯罪者。

庄平の仕事場は全国区である。主なヤマ（犯行）場は、有名な祭りの現場である。

市民が総出で祭りに夢中になってる隙に、空き巣等の犯行に及ぶのを主としている、いわゆる、『祭り泥棒』なのだ。

だが、手口は空き巣、居空き（家人が二階などで昼寝でもしている隙に、一階の居間等で犯行）、宵空き（夕暮れ時から午後八時頃までの間、家人が帰宅してないのを確認して侵入）、忍び込み（夜間人が寝静まっている時、施錠などを開けて忍び込む）、そして、出店荒らし、車上荒らしと、何でもありだ。

彼の頭の中には、「日本三大祭り」「東北三大祭り」「関東三大祭り」「九州三大祭り」等々が、月別にインプットされているのである。

「祭りはやっぱり、夏、秋がいいね。八月は祭りの目白押しだよ。特に、東北がいいよ。『ねぶた祭り（青森《あおもり》2～7日）』『竿灯《かんとう》』（秋田《あきた》3～6日）『仙台《せんだい》七夕祭り』（6～8日）と重なってあるからね。たまんねえよ、九月は……。

富山の『おわら風の盆』がいいなぁー、三日三晩踊り続けるんだよ。ここも稼ぎ場だね。だけど仕事をやりやすい期間は、晩秋から冬にかけての、宵がいい。家人が、いるかいないか、分かりやすいんだよね」

調子に乗ると彼は、腕組みポーズで得意げに若い刑事達に話すのだ。

泥棒になった日

庄平だって生まれつきの泥棒ではない。

彼の初犯は、一四歳の秋であった。

市内の民家に空き巣に入った。中学校への通学路に面した平屋であった。何となく、家人がいるいないが、分かるようになった。この頃から、ドロボー勘が養われて来たのか……。ある日、庄平は学校から帰ると運動着に着替え、野球帽を被って自転車を乗り出し、目当ての家の高窓から侵入した。

彼はとにかく腹が空いていた。居間のテーブルの菓子盆にあった数種類の駄菓子を、手づかみで、むさぼり食った。その後台所に行き冷蔵庫を開けたが、そのまま食べられるものはなかった。居間に戻ってタンスの引き出しを、下から順に開けていった。下から開けていった方が閉める手間がはぶけるというプロの手口が、どういうわけかこの頃から身についていたのである。そしたら、一番上の小引き出しの中に、一万円札が二枚、折って、あった。

心臓がどきりと鼓動した。手に持ったことのない大金であった。

鴨居に引っかけてあった茶色のジャンパーを着てみた。庄平は子供の頃から背が高かったので、大人物のジャンパーでも、そうだぶついてはいない。（よし、これを着て逃げよう！）玄関から出ようとした時、外からカギが開けられて、帰ってきたこの家の中年の奥さんと鉢合わせをしたもんだから、大事件となってしまった。

「ヒャー」という悲鳴に驚いた庄平が、「騒ぐな！　殺すぞ！」と奥さんの口を塞ごうと右手を伸ばしたもんだから、奥さん「ヒー」とのけぞって、転倒して、這《は》って庄平の手から逃げようとした。

予想しない事態に驚愕した庄平は玄関から、自転車を侵入口の窓下に置いたまま逃走した。この自転車が証拠となり、庄平は約一時間後に自宅アパートに居るところを所轄の刑事に任意同行を求められ、自供し、逮捕された。

罪名は「強盗致傷罪」。思いもよらぬ凶悪犯罪名がついてしまったのだ。「殺すぞ」と言った文句と転んだ被害者が右肘に打撲傷を負ったということで、「暴行又は脅迫を用いて他人の財物を強取したもの」として刑法第二三六条の強盗罪が適用され、さらに「強盗が、人を負傷させたとき」に該当するとされ、強盗致傷罪（二四〇条）という重い罪が科せられたのであった。

それからの庄平は盗みを繰り返し、少年院を出たり入ったり。成人になってからも刑務所を出たり入ったりと、人生の大半を塀の中で過ごす、国家公務員泥棒職とのたまう大泥棒となったのであった。

愛の欠陥者

庄平は泥棒稼業に入った動機について、金山警部補や若い刑事等に、時々遠くを見るような目で言うのだった。

「おれは幼児期の記憶の中で、母に抱かれて眠りについた事とか、おんぶに抱っこ、といったような事は一切ねえよ。幼児期から養護施設に預けられていたんだ。もちろん父親の顔は知らねえし、素性すらわからねえよ。

母は生活苦から仕方なかったのかも知らねえけど、俺には母の愛情に包まれて育った覚えはねえんだ。物心のついた三、四歳の頃の記憶といえば、母親恋しさに施設を抜け出し、一四、五キロも離れた高崎市内のアパートまで歩いて会いに行ったことかなぁー。

今でも、あのときの記憶だけが映画を観ているように鮮明によみがえるんだ。何度も何度も施設を抜け出して……、母に会いたくてなあ。見かねた近所の人や母の同僚たちの助言もあってか、母は俺を引き取って生活するようになったんだ。

けど、母子の関係も束の間だったなぁー。俺が小学校に入学してから六ヵ月位して、またも養護施設に預けられてしまったんだ。

理由は、母が会社に出勤した後、小学校から抜け出して、勉強もしないで高崎市街をうろついていたり遊んでいたから、ということでさ。小学校へ行っても友達もいなかったしな。

中学一年の夏まで過ごした約六年間の養護施設での生活は苦痛の連続だったなぁー。育ち盛りなのに満足な食事も与えられず、空腹を満たすために、他人が学校給食で出たパンの残りを捨てたのを拾って食ったりしてさ。

母恋しさに施設を抜け出すと、連れ戻されて、みんなが見ている前で革ベルトで尻を何度となく打たれる折檻《せっかん》を受けるんだ。

子ども心に理由《わけ》も分からず母を恨んだよ。その養護施設がどういうわけか廃止になってよう、止むを得ずに母に引き取られたんだ。だけど、高崎市の中学校に編入になった俺はその学校の学力についていけず登校拒否を繰り返しては街にくり出し、遊びほうけていたよ。これといった悪友もおらず一人で遊んでいたんだ。

そしたらある日さ。俺たち子どもだって知っていた有名なさぶちゃん刑事にさ、自転車泥棒の疑いをかけられて、任意に呼ばれたんだ。

八時間も警察に置かれてさ。カツ丼を食わせられてさ。言え、言えって言われたって、やっていないものは言いようがねえよなぁ〜。

お前は愛の欠陥者だからなぁ〜、可哀想になぁーって。さぶちゃん刑事が作った『犯罪の方程式』ちゅうやつでさ。

犯罪ちゅうのは、『愛の欠陥者が、酒か、女か、賭け事に溺れて犯す』ちゅうんだよ。今まで何百人も盗人野郎を捕まえて出した結論だってさ。

俺が愛の欠陥者だちゅう事はまちがいねえけどさ、やってねえもんは、やってねえんだよ。そして子どもの俺は、酒も女も賭け事もやった事はねえしよ。

それでさ。（ふふっ、と口先で笑って）信じてくれねえんじゃあ、本当にやるかって気になってよ、一四歳のときに通学路に面したある家に空き巣に入ってしまったんさね。

あれが、俺の犯罪者としての第一歩を踏み出したというか、始まりさ。

さぶちゃん刑事には、『やっぱりお前か』って言われたよ。

だけど、さぶちゃん刑事を恨んだりはしていねえよ。むしろ感謝しているんだ。

わが泥棒人生に踏ん切りをつけてくれたんだもんなぁ～」

ふっふっ、と口先で笑った。

「少年院も出たり入ったりだったなぁー。初等少年院、中等少年院、特別少年院と少年院の格も上がっていったよ。
一六、七歳のガキが夜の街を徘徊、出没するようになれば、どういう結果になるかは分かり切ってることさ。遊ぶ金欲しさに手っ取り早いのは泥棒だけさ。犯罪を行う時は刑罰の事なんか考えないよ」

悪に磨きをかける矯正施設

「俺が今、どっぷりと底辺社会に身をおいている基因は、幼児、幼少期の事情もあったけど、後で母から聞いた話では、父親というのは相当の遊び人で自堕落な人生を送っていた、ということだから、俺は父の悪いＤＮＡを受け継いでいるのかな、ふふ……。悪に磨きをかけてくれたのが矯正施設とされる少年院や刑務所なんだよな。矯正施設に収容されて行くたびに心と知識に磨きがかかり、プロの犯罪者が育っていくんさ。

それで、犯罪プロの養成機関ともいうべきところが刑務所ってことだ。ここは、犯罪の手口や情報には事欠かないところなんだ。互いの手口や情報を交換し合い勉強？に励むんだ。使えるものはしっかりと頭の中に叩き込み、使えない事は耳をすり抜けて聞き流す。こうして俺は侵入方法の手口の研究に没頭したんだ。

いま泥棒を職業としているプロとしての手口は、刑務所で培《つちか》ったんだよ。経済力もないのに、高級ブランド品で身を包み、美食で腹を満たし、舶来洋酒《はくらいようしゅ》で女たちに囲まれて酔いしれ、身分不相応な虚栄心で自己満足する。食べたい物も食べられず、いつも腹を減らしていた幼少期、少年時代への復讐心もあったからなぁー」

二人の名刑事

遠くを見つめるように言うその両目は、涙で濡《ぬ》れていた。

「庄平が捕まったさぶちゃん刑事には、俺も会った事はねえよ。関川課長が刑事の頃指導を受けたというから、今や伝説の名刑事だいなあ、庄平も随分長い間、泥棒さんをやっているわけさ」

金山警部補は若い刑事に言った。

「おかげさんでジンさんという名刑事にも出会う事ができましたよ」

と庄平。

「ジンさんには初対面のときから、眼光鋭い中にも温厚で柔和な人情味を感じたねえ。大変不謹慎な言い方だけどさ、泥棒稼業をしていて良かったと思うときがあるんだ。泥棒してなかったらジンさんとお会い出来なかったもんねー。人生、一期一会というよね。長い間、法を犯して泥棒を繰り返している罪悪と、長い間ジンさんと交友を続けていられる喜びを比べるからなんだなぁー。

なぜ、そこまでジンさんに心を開くようになったのか？　と質問されてもねー、信頼する、なんてことは言葉では言い表せるものではないよ。信用出来るから信頼出来るのさ。盗人にだって人の情というものは分かるよなあ、へへ……」

捕まえるヤツと捕まるヤツの信頼関係？は高崎署の刑事部屋で生まれたのである。

さぶちゃん語録

さぶちゃん刑事こと、佐《さ》山《やま》三郎《さぶろう》警部は、庄平が高崎警察署に逮捕されてから三ヵ月後、六〇歳で定年退職した。

彼は警察官を拝命して以来、高崎署を離れたことがない。最初の交番勤務二年間を除いて、後の三〇年余りは刑事一筋である。

刑事警察に凝り固まったこの男は、高崎署管内犯罪史の、生き字引でもある。市長の名前を知らない者でも、さぶちゃん刑事の名前は知っている、と言われるくらいである。

在職中さぶちゃんが捕まえた犯罪者は、一〇〇〇人を超える。それだけに、さぶちゃん刑事の信念と経験にもとづいた刑事教典は、長さ二〇メートルほどの巻物にもなっている。毎年警察学校で行われる新任刑事講習の講師になるさぶちゃんは、この巻物を教場にぐるっと張り巡らしてから、熱弁を振るうのである。

この中には、いわゆる『さぶちゃん語録』と言われる、さぶちゃん独自の刑事哲学もふんだんに含まれている。

『愛の欠陥者＋酒・女・ギャンブル＝犯罪』これが、罪を犯す者の方程式だ。とさぶちゃんは断言する。そして、酒にも女にもギャンブルにも「狂う」という字が加わる、と。それが、犯人だけが通る道筋だ。だから犯罪を因数分解していけば、必然的に犯人像が浮かび上がってくるんだ、と解説するのである。

「刑事は俺の天職だけど、犯罪者を捕まえるのが俺の趣味だ。俺が捕まえた奴らの中には、立派に更生した奴もいるよ。こんなときは最高に生きがいを感じるな。俺は小さいときから勉強嫌いだったんだよ。だから、警察の中の筋肉労働の分野でやっていこうと、方針を決めたんだ。だから昇任試験は受けないよ。頭脳労働は勉強のできるもんにまかせるよ」

と言っていた彼が、巡査部長、警部補、警部と昇任したのである。

ノンキャリアのたたき上げは、最初の巡査部長から一階級ずつ、競争試験で上がっていくので、警部になるには、最短でも二〇年はかかる、ということになる。だから警部になるということは大変なことである。それをさぶちゃんは試験を受けずに警部にまで昇進したのだ。まして、同じ高崎署の刑事でいながらである。

警察には、各県警等によって内容は若干異なるが、いわゆる「特別昇任制度」というものがある。各階級とも競争試験による昇任が原則であるが、その者の、勤務実績、勤務年数、年齢、人格、識見《しきけん》等を総合的に勘案して、ごく少人数に限って、特別に昇任させる、という特例がある。いわば、仕事について誰にも負けないという、抜群の実績を挙げている。しかしながら、試験勉強のようなものはどうも苦手だ、という、さぶちゃんのような警察官のために設けられた制度である。

「勉強を一つもしねえで、警部さんになっちゃったよ。申し訳ないねえ」と、さぶちゃんは、照れ笑いした。

しかしキャリアとは本来、経験豊富な生き抜きの職業人、即ち、さぶちゃん刑事のような人の経歴をいうのである。だから、さぶちゃんの警部という階級は、実に重みがあるのである。

泥棒の恩返し

全国区のお祭り泥棒庄平は、不思議なことに群馬県以外で逮捕されたことは、一度もないのだ。それでいて犯行現場の七、八割は他県なのである。

庄平は高崎市内で何件かの犯行を実行すると信頼の出来る刑事に犯行現場を教える。そして現場で盗んだ品物をすぐに入質、その入質した事実もいち早く刑事に伝えて逮捕令状を請求させてから、県外に逃走するのだ。そして暫《しばら》くの間県外で泥棒行脚《あんぎゃ》をしてから高崎に戻ってくる。

なぜ、庄平は犯罪者の常識を破る奇行に出るのか。

関川の問いに対して彼は言う。

「ジンさん、俺と高崎署との付き合いは一九七九年からです。この後七回も馴れ合いの逮捕劇が続いているんですよ。でも他県では数千件のヤマ（犯罪）を踏んでも一度たりとも逮捕されたことはありませんよねー。他県では捕まらない自信はあるんですよ」

何度かこの行動を繰り返したりしてから、逮捕令状を持っている高崎署でご用となるのである。

「ジンさん、ガキの頃から手馴れている泥棒仕事も全国区の俺が大酒を飲んで女遊びをしながら数百件もの仕事（犯罪）をやるってことは、精神的にも肉体的にも極度の疲労に陥るんですよ。他県でヘマをして逮捕されて、取り調べを受けるより、馴れ合いで捕まって取り調べを受けた方がイニシアティブを取れるじゃあねえですか。もちろん、俺だけの判断ですけどね。俺にも取り調べ担当刑事にもメリットがある、という考えです。

高崎の刑事と俺との関係は、刑事と被疑者の持ちつ持たれつの信頼関係の上に成り立っているんですよねー。俺は全国区の大泥棒ですから、担当刑事としては県外に引き当たり捜査をして何百件もの被害原票の処理が出来るわけだし、署としても、年二回の既届《きとどけ》盗犯月内で優秀な成績が上げられるということでしょう。

キンちゃんやジンさんに対する恩返しだとも思ってるんです。すみませんジンさん、俺の勝手な思いこみです。だけど俺は泥棒を天職としてこれまで数千件の犯罪を繰り返してきたけど、現行で逮捕されたことは一度もねえよ」

と泥棒自慢をする庄平だが、一度だけ、まさかという例外があったのである。

入り待ち捜査

一九九三年の秋。高崎の市街地で短期間に百数十件の出店荒らしが発生した。二点割り三点割りで施錠を開けて侵入、そこに飲食物があれば好きなだけ飲み食いもしていくが、指紋も残さず、遺留品もない。

高崎署は、手口的にみて庄平の犯行に間違いない、と断定したが、令状を取る証拠は何もない。そこで、「現行犯逮捕しかない」とし、毎夜、深夜の午前二時から明け方の六時頃までの間、二〜三人グループの二〇人体制で張り込みを実施することとなった。刑事を中心に地域係、生活安全係、警備係等全署体制を組んで、スナック、クラブ、バー、飲食店等の張り込み、入り待ち捜査を実施したのであった。

入り待ち捜査とは、その店のオーナー、店長の了解のもとで閉店後、捜査員が店の中で待機して犯人を迎え撃つ手法なのである。

だが、一週間経っても、二週間経っても、庄平と思われる犯人は現れない。

なのに、である。刑事が早朝に引き上げた後の午前九時から一〇時頃の間に犯人は侵入し、捜査陣をあざ笑うがごとくに、きっちりと泥棒仕事をしていくのであった。それも、捜査員が入り待ちをしていた数店までが軒並み荒らされるのであった。

刑事たちの動きを一部始終見通しているかのような、大胆で神業ともいうべき犯行であったのだ。


「お疲れさまでした」

そしてその日、庄平が捜査一課をひょっこりと訪れ、寝不足で疲れた身体を椅子にもたせていた通称〝小政《こまさ》〟と呼ばれる小林《こばやし》班長の隣の椅子に腰かけながら、

「今朝〇〇の店で入り待ちしてましたねー、お疲れさまでした」

と頭を下げ、にっと、笑う。

高崎署の捜査係には、小林という刑事が二人いた。大柄の方が〝大政《おおまさ》〟小柄の方が〝小政〟と呼ばれた。名付けたのは関川だった。彼は部下同僚を愛称で呼ぶのが好きなのだ。他に、次郎長《じろちょう》というデカもいた。名字が清水だったからだが、ベテラン刑事の次郎長が小政の部下だった、というのが面白い。

小政は一瞬むっとした顔をしたがすぐに元の童顔に戻り、

「庄ちゃんもそろそろ疲れて来たんじゃあねえの……、もうそろそろ留置場で休みたくなったんじゃあねえのかやー、個室が空いてるぜ、ハッハッ……」

他のデカ達も、悔し紛れに高笑いする。

まるでゲームを楽しんでいるかのような、刑事と泥棒のやりとりであった。

そして、捜査は二ヵ月以上も進んだ。出店荒らしの犯行は続く。捜査員にも疲労の色が見え、焦りも出て来た。

捜査会議には渋い顔をした署長の田代《たしろ》警視正も中央の席に座る。捜査の神様だと自任する彼は、

次の人事異動で、ノンキャリアではトップの刑事部長を狙っている。泥棒一人に翻弄されていることが、腹立たしくて仕方がないのだ。

二〇人の捜査体制は四〇人となった。入り待ちの時間帯も、午前九時、一〇時とのばしたりもした。すると、捜査陣をあざ笑うかのように、捜査員が引き上げた直後に店が荒らされ、きっちりとやられているのだった。

そしてまた、庄平が、刑事部屋に来て、小林班長の前の席に腰を下ろしながら「お疲れさまでした」と頭を下げる。

「疲れちゃいねえよ。庄ちゃん顔色悪いぞ、酒の飲み過ぎだろう、早く国費で治さねえと手遅れになるぞ」

無理に笑顔を作って、庄平の気にしている体調面を突く。

「庄平、なめるんじゃあねえぞ！」

安野《あんの》という若い刑事が大声を上げた。他のデカたちの目も一斉に庄平を、睨《にら》む。

「小政係長さん、関川さんにでも相談してみたら……」

ニヤッと笑って、長身の庄平が大股で刑事部屋を出て行った。

翌朝、県警機動捜査隊長の関川警視から、小林班長に電話が入った。小林は関川が高崎署の捜査一課長当時、まだ新任の刑事だった。

「小政ぁ、庄平一人に翻弄されているようだなぁー」

「申し訳ありません。実は捜査員も疲労困憊《こんぱい》です、他の事件も多発していますし、庄平一人にいつまでも関わっている場合じゃあないんですが、ヤツだけはどうしてもパクらなくてはなりませんし……」

「庄平も大分疲れてるよ。そろそろ捕まりてえ頃なんだなぁー。だけど、あいつ今まで現行犯逮捕されたことがない、というのが自慢で、誇りなんだなぁー、どうだ、小政ー、庄平のところへ行って、頼むつうか、相談してみたらどうだい。ヤツの面子も立てる、という形でさ……」

「えっ、どういうことですか？」

「いつ、どこで叩《たた》く（仕事をする）か、さ」

「え、えー！」

（容疑の泥棒に相談する？）

小政は考え込んだ。

叩《たた》く時間帯を教えてくれ

二日後の昼頃。

小林班長は林《はやし》という若い刑事と二人で、庄平の住む市内のアパートを訪問した。

彼は、泥棒の全国行脚に出ると、母のアパートにいったんは帰ってくるのだ。

庄平はごろ寝をしながらテレビを見ていた。

「庄ちゃん、一人かい、おふくろさんは？」

「あれ、何だね、係長さん。おふくろは仕事だけど」

「庄ちゃん、頼みがあるんだけど聞いてくれる？」

「ああ、いいよ、まだ昼飯前だから『かつ哲』にでも行って話を聞くよ」

庄平は、さっさと捜査車両の後部座席に乗り込んだ。店に着くなり庄平はビールと日本酒の徳利を二本、カツ定食の上三人前を勝手に注文してから、「小政班長、話って何なの」と切り出した。

「庄ちゃんはもう要件を知っていると思うからはっきり言うよ。今、高崎署は二人体制で庄ちゃん逮捕に向けて頑張っているけど、事件の発生ばかりで逮捕に至らないわけさ。そこで、頼みというのはさ、叩く（仕事をする）時間帯を教えてもらえないか、ということなんだ」

刑事と泥棒のおかしな会話が、カツ定食を食いビールを飲みながら始まったのだ。

「いいよ」

庄平は即座に答えた。もう答えは決めていたかのようであった。小林班長の方が内心驚いた。まさか、言うわけがない、と思っていたのだった。

「叩く時間帯はさ、ビル関係なら、午前九時から一〇時まで、と決めているよ。その時間帯なら店が終わった後、帰った店長なり従業員が仮眠したとしても、午前七時頃には目も覚めて帰宅するだろうし、従業員が店の掃除、後片付けに出店するにはまだ早い時間だしさ、おしぼり屋の交換配達にしても時間は早いようだし、まあ、一番安全な時間帯だね、裏をかくにはもってこいの時間帯さ」

饒舌《じょうぜつ》にあっさりと言って、ニヤッと笑った。

「でもさ、小政班長よー、この時間帯に入り待ちしていても俺には天才的な勘働きというものがあるから分かっちゃうけどよ。まあ、しっかりやって下さい」

にっ、と笑って、小政班長と林刑事が勧める酒をうまそうに口に運ぶ。

それから、約一週間後の午前九時三二分。高崎市のクラブ「サリー」で庄平は現行犯逮捕されたのであった。

逮捕したのは、小林班長（警部補）と林刑事の二人であった。

自慢の泥棒道

庄平は、高崎署で最初に逮捕された時の担当刑事であった金山刑事と関川の二人には、大抵のことには心を開いて何でも話をした。泥棒のあの手この手、泥棒仕事をしながら得た情報など、時には得意満面に話すのである。

「俺は特異奇行な犯罪者で、超がつくお人好しとして、刑事の目にも映るでしょう。でも、俺だって自ら逮捕される状況に事を運ぶのは、三原則を守ってるんですよ。

第一は、昵懇《じっこん》にしている刑事に、花を持たせ、点数稼ぎをさせることによって、自分の利益になることを条件とする事です。

例に上げれば、盗品の押収はしない。一日に一回は面倒見（調べ室で飲食をさせたり、タバコを吸わせたりする便宜供与）をする。新聞に事件の記事を載せない（このことは俺の事件によって、おふくろが過去に会社を二回辞めざるを得なくなったからだ、と）。

第二は、現行犯逮捕されないのは、それなりに研究、勉強しているからです。

民間会社の警備、防水、通報システム、いわゆるセコム、アルソックというのがありますが、それ以外に警察が独自に判断して、事務所、スナック等の家主、経営者と相談して設置するSという防犯通報装置がありますよねぇー。

警察当局は、泥棒に侵入された被害場所から概《おおむ》ね五分で警察官が現着出来る位置に取り付けられている非常に高感度で暗視カメラ付の装置ですよね。高崎署管内でも三〇～四〇台はあると聞いてます。この装置の存在を知らぬが故に多くの泥棒が捕まったということは、刑務所生活で、同房者等から確認済みです。

俺の最近の犯罪傾向は、関川さんご存知の通りブランドのバッグ、小物類や高級腕時計、貴金属など確実に高価で処分換金出来る物ですよねー、だけど、こういう物《ぶつ》があるところほど警備会社の通報システムやS装置が設置されているんですね。

けど、俺はあえてそういう危険性のある店舗を選ぶんですよ。金になる確実性がありますからね。

でも、捕まりませんよ。侵入から、物色、逃走と店にいる時間を三分で仕上げればいいわけですから。

あらかじめ、ヤマ見（下見）をしておいて、どこに、何があるか、欲張らず盗むものだけの位置を把握しておけば、三分間という時間で充分なのです。

警備員や警察官が駆けつけるまでの時間を何百回となく計測したところ、一番早くて五分一三秒だったんです。どうです、よく研究しているでしょう。真のプロはこの位勉強しなければねー」

庄平は自慢話のときによくやる腕組みをして、鼻をふくらませるポーズを取った。

金科玉条《きんかぎょくじょう》
「第三はね。俺にも泥棒に入る前に必ず自分自身に念を入れる金科玉条なるものがある、ということです。姦淫《おか》さず、殺さず、傷つけず、難儀な物には手を出さず、です。鬼平犯科帳《おにへいはんかちょう》にも出てくるこの一節を守っています。現場で家人らに見つかり捕まりそうになったり、殴られたりしても、とにかく、振り払って逃げ切ることを信条としているんですよ。めったにそんなことはありませんけどねー。そして俺は、ヤマを踏む前にゲンを担ぎます。

何時逮捕されてもいいように入浴・サウナに入り身を清めます。心身共にリフレッシュして、下着も新しい物に替えます。どうですかジンさん、おかしいですか……。メーカーにもこだわり、今は黒のTシャツに黒のトランクスと決めて愛用していますよ。仕事のユニホームですから。

さらに、民家に侵入した際、仏壇には絶対に手を触れず物色しないことです。仏様の宿る神聖な場所には手を出しません。罰が当たりますから……」

「へえー、泥棒も神頼み、仏頼みかい」

関川があきれ顔で笑う。

「と言ってもねー、ジンさん。俺だって犯罪を肯定しているものではありませんよ。罪は人間社会においては悪なのですから。

だから、俺は犯罪を実行に移す前には必ず酒を飲みます。入浴して身体を清めることと裏腹で矛盾しますけどねー、これも良心の呵責《かしゃく》から来るものでしょうね。焼酎なら四合瓶で二本、好きなヘネシーVSOPなら一本半と、浴びるほど飲んじゃうんです。やっぱり侵入する前は怖いんですよ、ジンさん」

なぜ、泥棒がやめられないのか――。

「ジンさん、俺が泥棒人生で体験したいろんなエピソードをまとめれば、面白い本が一冊や二冊書けますよ」

庄平は、関川の質問に、腕を組みそして、薄く笑った。

「被害者の方々には申し訳なく思っています。大切な方からの贈り物であったり、かけがえのない愛しい人の形見分けであったり、お金には換えられない大事な品々をいとも簡単に盗み出して換金してしまうのですから、俺だって、良心は痛みます。

でもねー、一度楽をして大金を手にして、好き勝手な生活に浸ってしまうと、容易にやめられるもんではないんですよ。現場に侵入するときの緊張感とスリル。高価な戦利品を獲たときの感動、興奮、それにねー、他人の生活様式を垣間見る変質的な性格もあってね、若い女性の一人住まいのコーポ、ハイツなどでは、得も知れぬ「エロス」の世界があるんです。

俺も健康な男で、まだまだ性欲真っ盛りですから、色情盗のような泥棒を時にはやりますからね。

どうです？　興味深いでしょう。若い刑事たちは、興味津々、顔を紅潮させて調書を取りまくりますよ、ジンさん」

「まあ、男なら誰でも興味はあるさ、けど、説明はいらねえよ、大体の内容は分かるからよ。それよりいいか、庄平ー、女には絶対手を出すんじゃあねえぞ！」

関川は鋭い目で、庄平を睨み付けた。

第四章　回遊魚の安住の地

帰ってきた回遊魚

関川仁《せきかわじん》が警察を退職した年の暮れの初旬。白髪交じりの髪の毛を几帳面に分けた蒼白い顔をした男が、高崎《たかさき》市の葬儀社「高花《たかはな》」の一階にある相談役室に、のそっと入って来た。

二坪ばかりのこの部屋は、関川を相談役として迎えるために急遽《きゅうきょ》物置場を改造したのだった。二枚引き戸の入り口は素通しのガラス張りなので、外からも室内は丸見えだ。社長以下社員七人の事務所は外階段から上がる二階となっているので、一階に居るのは、関川一人だけだ。男はガラス越しに関川が居るのを確認して入ってきたのである。

フロアーの奥に電話の置かれた大机と椅子。机の前に応接ソファー三点セット。それに冷蔵庫と電気ケトル、茶道具一式なども揃えてある。葬儀の相談など、彼に分かる筈がないので、名ばかりの相談役なのだ。

関川は、社員の出勤時刻と合わせて出社し、二階の事務所でその日の行事予定を聞いてから一階の相談役室に降りるのが日課だが、外出は自由である。

特別刑事指導官として委嘱《いしょく》された彼の管轄は、高崎署を中心に県下西部、北部の所轄の七署であるが、刑事指導要請はいつあるか分からない。

「高花」相談役としての出番も、どこへ出動するのか、分からない。つまり、両者とも、事件事故の進展状況と現場に残された死体の状態によっての出番なのである。だが彼の出番は結構あり、相談役室不在が、多いのである。


「ジンさん、お久しぶりです。庄平です」

男は長身の背を丸めて、ペコンと顔を下げ、面長の顔を左に傾けて、照れ笑いをした。

「おう、庄平《しょうへい》じゃあねえか。暫《しばら》くだなぁー。いつから浮いている（娑婆《しゃば》に出ている）んだや」

「会う早々、嫌ですよ、ジンさん。二年前に出てますよ」

室内を見まわしながら、低い声で言った。

「ハハ、そうか二年前か、それで疲れて高崎に帰って来たわけか。庄平は回遊魚みたいだもんなあー、まあよく来てくれたよ、座れや」

目の前の椅子を勧めながら、

「庄平腹減ってねえか。葬式饅頭うめえぞ」

葬儀の引き出物に付ける大判型の白い饅頭をテーブルの上におき、一つをパクリと頬張った。

「ジンさんが葬儀屋さんとはねぇー、仏様（死体）とは縁が切れないんですねー」

「そうさ、人間誰でも最後にお世話なるのは葬儀屋さんだよ。庄平には定年がねえもんなあ、ハハ」

「えー、俺は定年のない国家公務員ですから、へへ……」

「衣食住付きで、医療も無料《タダ》のなぁー、ハハッ、この前庄平と会ったんは、いつだったけ……」

「二〇〇一年です。小矢野《こやの》刑事にお世話になったときですよ」

「そうか、もう四年も経ったのかー。それで今おふくろさんのアパートにいるのか」

「いえ、市内の安宿です。おふくろさんの惣菜屋の手伝いもしていますよ」

「本当か？　もう心配かけるんじゃあねえぞ。それで今日は小遣いでも入り用っていうことか庄平」

「すみませんジンさん。働いて返しますから……」

「働くってこれじゃダメだぞ」

右の人差し指でカギを作って、庄平の顔を覗《のぞ》き込む。

「やりませんよ、ジンさん」

背を丸め、目をテーブルの上に落としたまま、小さい声で言う。

「本当か～？　全国の祭り見物に疲れて帰《け》えって来たんだんべえ」

「疲れたんじゃあねえんですよ、ジンさん。俺、酒好きでしょうー、飲み過ぎて身体壊すんですよ。だから身体治しに帰ってくるんですよ」

「国費でなあ、庄平。おふくろさんに、なにかうんめえもん買っていってやりな」

小声で言いながら、三つに折った一万円紙幣を薄汚れたポロシャツのポケットに入れてやった。

「すまねえ、ジンさん」

膝に付くほど、頭を下げた。

「それで、今誰と会ってるんだ、庄平」

「渋川《しぶかわ》署の安野《あんの》警部補が、時々連絡とってくるんですよ」

「高崎（署）じゃあねえのかい。渋川の安野か。彼も係長になったんだなあ」

「高崎には、今、知ってるのがいなくなっちゃってね」

「そうか、なるべく世話にならねえようになぁ〜。

何か相談ごとがあったらいつでも来いよなぁー、葬式の相談は出来ないが、泥棒さんの相談は出来るぞ、庄平。俺がいなくても来たら冷蔵庫の中にあるもの何でも飲んだり食ったりしていいぞ。社長にも言っておくから。泥棒はするなよ」

「すまねえジンさん」

庄平は両手を合わせて頭を下げた。

「親孝行しろよ」

高花を出る庄平の背中に、関川は声をかけた。

庄平はガラス戸越しに長身を折り曲げた。

(やっているな、庄平のヤツ。回遊魚が泥棒に疲れて帰って来たか……。また塀の中で休みたくなったのかー)

関川は心の中で、呟《つぶや》いた。ヤマ(犯罪)を踏んでるときは相手の目を見ないで話すのが、彼の特徴だ。

刑事指導官関川の目になっていた。刑事勘が働き出したのだ。

特別刑事指導官出動

葬儀社相談役で、刑事指導官でもある関川の出番は結構多いのである。刑事時代の部下後輩が各所轄に散らばっているので、電話による相談や事件現場への臨場要請が多いのである。葬儀社相談役として出動した死体現場で、特別刑事指導官として、死体の見分をしてやることもあった。

深夜でも嬉々として出かけて行く関川に、(全く今も刑事気分だわー)恵子《けいこ》が呟く。

既届《きとどけ》盗犯月間に入った、一一月の始め、渋川署の捜査係安野警部補から、関川に電話が入った。

「関川先輩ご無沙汰しております、早速ですが、今日は特別刑事指導官の関川さんにご指導を受けたく電話させてもらいました」と堅い口調で、「実は、先月二五日に青田庄平を空き巣でパクッたんですが、否認、否認でごねまくっていまして。『関川さんに会わせろ』の一点張りでして……。困っています。会って説得していただけますでしょうか――」

と切り出した。

「庄平やっぱりやってたかい。渋川（署）でよくパクッたじゃあねえかい。けどこれからだいなぁー、安ちゃん。庄平も疲れてきているから、早く、歌って（自供して）楽になりてえんだろうけどな。ところで逮捕事実は、現行かい？」

「いえ、自供というか、告白というか……」

「ああ、例によってヤツの駆け引きか、ハッハッ、分かったよ。今週の土曜日にでも行ってみるよ」

渋川署は高崎署と隣接して管轄区域を持つ、人口約七万人の渋川市にある。署員数は高崎署の約四分の一という中規模署であるので、捜査課も一、二課と分かれておらず、捜査員は課長以下七名だけだ。係長の安野警部補の下に、二班五人の体制である。

秋の既届盗犯月間を前にして、大物泥棒青田庄平の逮捕は、特大の本マグロを釣り上げたような大漁で、刑事部屋は沸き立っている筈であるのだが――。

捜査課長の伊能《いのう》警部は面目ないという渋い顔を作って、関川に説明する。

「今年に入ってから当署管内を始め、高崎、沼田《ぬまた》、前橋《まえばし》の管内で、空き巣事件、出店荒らしが多発していまして、侵入手口は、二点割りで、間違いなく庄平の犯行だと……。

絶対にうちで捕《と》ろうとしましたが、ご存知のとおりヤツを現行で捕るのは容易ではないですからね。

それで、庄平と面識のある安野係長が、ヤツのアパートで接触したんですよ。彼は酒が好きでしょう。接触のたびに食ったり飲んだりです。そのうち空き巣を一件告白しまして、『これでフダ（逮捕令状）を取ってくれ。その代わり条件がある』という訳です。

だけど、まだ数十件の余罪は固いので、泳がせながら接触を続けさせたんです。この間に数件の犯行現場を匂わせたんですけど、全部はしゃべらなくて……。

『これでフダを取ったって、俺は否認するよ』と条件を主張するばかりなので、仕方なくパクッたんですが、やっこさん、へそを曲げちゃって、告白した空き巣の一件も全く否認と黙秘でして……、安野係長が林刑事に『タバコなんか吸わせるな！　飯もだ！』と怒って調べ室を出ていったら、それから五日間も断食ですよ。看守係が、頼むよ青田《あおた》ー、食べてくれよ、って頼んだりして……、参りました。

関川さん、庄平に言ってやって下さい。条件も出来る限り約束するから、と」

「お願いします」

課長の隣席で、安野が悔しそうに頭を下げた。

捜査官の裏切り

庄平は関川を見ると、嬉しそうに目尻を下げ、拝むように両の掌《てのひら》を合わせた。

「よせよ、俺は仏様じゃあねえぞ。ところで、庄平やってるんか――」

「そりゃぁー、やってますよ、ジンさん」

「じゃあ、なんでしゃべらねえんだい」

「何もかも面白くねえからですよ、ジンさん。あの安野の野郎にはすべて裏切られたから絶対にしゃべれねえですよ」

「犯罪を犯したことが本当なら、仕方がねえだろうよ、庄平――。早く言っちまってさあ、国費で身体を治してこいや」

「ジンさん！」

庄平は、背筋を伸ばして真剣な表情で、関川を見つめた。

「今度ばかりは大恩あるジンさんの言葉でも承服出来ねえんです。それほど安野にはひどい裏切りを受けたんです。泥棒にだって正論はあります。詳しいことについては後で手紙に書きます。すみません、ジンさん」

頭を下げたが、すぐに笑顔になって、言った。

「ここでは規則が変わったとか何とか言って何の言うことも聞いてくれません。つきましては、一万円ほど用立てて下さい、お願いします」

頭を深く下げた。

「分かったよ、一万円入れといてやるよ。いいか、飯だけはごねてねえでちゃんと食べるんだぞ」

言って、関川は面会室を後にした。

数日後、渋川署の住所から届いた庄平の手紙には、

「面会、誠にありがとうございました。金員、衣類等の差し入れいつもながら関川さんの温かい厚情に深く感謝しております。でも、今回だけは庄平との信頼関係を続けて来てくれた、キンちゃんやジンさんら皆さんとの信頼関係を安野にことごとく裏切られました。

安野は、俺と交わした二人だけの約束を、裏切ったのです。

おふくろの所へは行かないでくれ、おふくろを心配させるし、お惣菜卸しの仕事にも影響するから、と。そして、女には絶対に会わないでくれ、とも。

俺には付き合っている女がいたんです。でもヤツはこれさえも約束を破って何回も女のところへ行ったんです。俺がおふくろに会わせてくれと言っても会わせないし、女には別れられるし、信頼も信義も彼にはないのです。ただ、自分の保身出世のことばかりが目的なのです。

安野だけは絶対に許せませんので、否認し続けるつもりです。お許し下さい」

と書かれてあった。

「庄ちゃん、関川さんにも言われたろうけどさ、言ってくれねえかなあー、他の犯行現場もさ。原票操作もしてきちっと押さえるからさ、約束するよ」

安野係長も庄平に対する態度を変えたが、庄平はそっぽを向いた。

「安野係長よー、俺がしゃべったときにすぐフダを取らずに、何ヵ月も泳がしといてよ、俺とさんざ飲み食いしてよ、それで突然、今、パクるとは何だよ。これじゃあ、安野係長どの信頼関係は持てねえなあ」

「庄ちゃんよー、大体ドロボーとの間に信頼関係なんて出来る筈ないじゃあねえかい。そんなのうわべだけだぜ。人様が大事にしている金品や想い出の品物を盗んで逃げる泥棒というヤツとそれを捕まえる刑事というヤツの間に信頼関係なんて出来る筈ねえじゃあねえかい」

安野は語気を強めた。

もちろん正論である。だが、捕まえてナンボの刑事の世界にも、色々なやり方があるのである。

それよりも、調べる側と調べられる側にも相性というものがあるのも確かなことではあるのだ。

安野と庄平は、最初に高崎署の刑事部屋で出会った時から、相性が合わなかったのかも知れないのだ。

安野警部補は、庄平が他の余罪を一件も自供しないため、庄平が案内したことのある犯行現場の空き巣三件を立件し、三度にわたって令状を取って、庄平を再逮捕した。自供がないと、勾留期間が一〇日、二〇日と過ぎて切れてしまうので、再逮捕をくり返して勾留期限を延長して取調べるという捜査手法なのである。

だが、このやり方に、庄平の怒りは更にまして、本件の犯行までも否認し続けることになったのだった。

前橋地方検察庁の担当検事は、渋川署から送致された青田庄平窃盗事件に関する一連の捜査書類を補強するために取調官の安野警部補から、「検面調書」というのを聴取した。

庄平は弁護士を通じてこの検面調書に書かれた安野の供述内容を見て更に憤怒の情を高めるのであった。

盗人にも三分の理

青田庄平は、窃盗の罪一件の罪状で、懲役五年の刑を科せられた。

彼は職業的常習窃盗犯罪者である。

人生の大半が刑務所の塀の中、という彼にしても、五年の刑は、想定を大きく超えた長期刑であった。

　刑法第二三五条は「他人の財物を窃取した者は、窃盗の罪とし、一〇年以下の懲役又は五〇万円以下の罰金に処する」と規定する。

　そして、「盗犯等の防止及び処分に関する法律」という特別法では、
☆常習として、夜間人の住居又は人の看守する邸宅、建造物に侵入して犯したる者、等を常習特殊犯罪者とす（第二条）。
☆常習として、罪を犯す行為前一〇年内に三回以上六ヵ月の懲役以上の刑の執行を受けたる者は、常習累犯《るいはん》窃盗犯罪者として（第三条）、各々、三年以上の有期懲役に処する、として刑を加重《かちょう》しているのである。
　だから、泥棒を職業としている彼が、五年の刑を科せられるのは至極妥当な判決でもあるのである。まさに庄平のような懲《こ》りない面々のために制定された泥棒防止のための法律なのである。

　だが、彼はこの判決に、痛憤《つうふん》した。

　盗人《ぬすっと》にも、三分《さんぶ》の理があるというのだ。現職の警察官と現役の泥棒の間にも、信義というものがある、と。

「俺は、昭和六〇年の春に関川仁、という刑事と出会ってから、A、B、C、D、の四人の刑事とも馴れ合いの関係で、それなりの信義を尽くし、信頼関係を保ち、三桁以上の余罪を自供して

も、これまでの最長は、三年六ヵ月の懲役だった。

だが「安野刑事は、俺との約束ごとをことごとく裏切った不倶戴天《ふぐたいてん》の敵である」と恨みを募らせ、五年の間遺恨と謝恩の手紙を書き続けるのであった。その宛先人は唯一人、彼が恩人と慕う関川仁である。

庄平は達筆で、文章もうまい。関川も読みながら時に頭をひねり辞書を引くような熟語を用いたり、末尾には俳句や短歌を添えることも多い。

が、彼は一四歳で盗みに手を染めて以来、犯行を繰り返し、塀の内外を出入りしている人生なので勉強はすべて塀の中なのである。すべて独学というか、国費で学んでいるのであった。

衣食住の心配のない入房生活。何せ暇を持て余しているので、刑務所内の日常生活までも細かく関川に知らせてくるのだったが、母を思慕する文が多かった。

捜査官と生涯の闘争

二〇〇七年五月×日

「前略、関川さんと巡り逢え色々と目をかけていただき温かく対等な視線で接して来てくれたことを感謝、感激しこの上ない幸せな庄平です。琴線にふれ心温まる思いです。

群馬《ぐんま》県警との関わりは今回の安野（刑事）との件を除けば自分なりに納得した所業でした。

犯罪者の立場で言えば、自ら犯罪を告白し、札《ふだ》（逮捕令状）を取らせる、といった犯罪者間で言えば笑い者になる常軌を逸した所業にも出ました。こんなばかなことしなければ前科ももっと少なかった筈ですが……。

余罪の原票操作にしても目一杯の捜査協力をしてきたつもりです。でも、今回の安野は絶対に許せないのです。悉《ことごと》く俺との約束を破棄し、検面調書（検事が証拠を補強するために取調官の刑事から取る調書）でも、彼の保身のため嘘の供述を作り上げたからです」

――この後庄平は、安野刑事が前橋地検の検事に対して供述した検面調書の内容を関川に送る。

「①青田庄平が高崎市内で泥棒をやった、と具体的に犯行の状況を告白した内容。

②その他の泥棒の犯行をにおわす言動。

③その後も何回も安野を訪ねて来たり外で会ったりした状況。

④青田の『これ以上話すと俺は逮捕されちゃうから言わない。いま俺が話した内容を全部調書にするなら否認するよ。どうしても俺を逮捕したければそれだけの証拠を揃えてから俺を逮捕すればいい』という発言。

逮捕できるものなら逮捕してみろというようなことを言った態度に対し、一般市民の保護や社会正義の実現に日々活動している警察に対する挑戦だと思いました。青田には刑事裁判を受けてもらい厳しい処分を下さるのを期待しています」

など検面調書の内容を弁護士からコピーしてもらったのを、便箋五枚にびっしりと書いたものだ。

そして、

「逮捕につながった端緒は俺の告白から始まったことで、それに至るまでは安野との二人だけの密約もあったし、必ず履行する約束もありました。悉く約束を破棄された俺の悔しさ、無念を理解して下さい。

馬鹿な男庄平をお笑い下さい。安野らに対し、不倶戴天の敵と遺恨を胸に込め、一生涯をかけ茨の道を突き進みます。

この庄平が生きていく限り安野らとの戦い、闘争をライフワークと位置づけ、あらゆる手段を講じ邁進《まいしん》して行きます。そのことによって人生にピリオドをうっても後悔はありません。

仁《じん》さん、安野に伝えてもらえませんか、検面調書の最後の件『一般市民の保護や社会正義の実現に日々活動している警察に対する挑戦』云々とあるが、それならどうして現職の警察官と現役の泥棒が、キャバクラ、居酒屋などで膝を交えて飲食を重ね、遊興しているのか。

被害者には、庄平同様に羞恥心をもって謝罪してもらいたいと。俺と接触しているのは捜査の進展を探る為だった、とよくそんな遁辞《とんじ》を弄《ろう》することができるものだと感心しきりだったと」

と便箋十一枚に書き綴《つづ》り、

「今の心中は、

翻《ひるがえ》る　怒りおさえて　立つ窓の

春風に吹かれて　桜花舞う

です」

と、一句。

（盗人にも三分の理）か。長い手紙を読み終えて、関川は溜息混じりに呟いた。

松江《まつえ》刑務所での生活

（刑期確定、松江刑務所へ）

――二〇〇七年一〇月×日

「九月二〇日に刑期が確定し、松江刑務所での受刑が決定。新幹線、特急に乗り継ぎ六時間強の長旅でやっとの思いで受刑生活が始まり、考査、新入指導を受ける毎日です。

先ずは、関川さんにお知らせせと思う次第です、因みに満期日は、二〇一三年四月一日です」

優遇処置等刑務所内の生活状況。

二〇〇七年一一月×日

「拝啓、松江では白鳥が越冬のため飛来して来ましたようで、静寂の狭間《はざま》で悲しげな鳴き声が響き渡り物の哀れを感じとれ、庄平自身の気持ちもいつになく沈みがちです。

指導期間の一四日間も無事終了し、就業工場指定の言い渡しを受けたのはいいのですが、その場で工場での出役《しゅつえき》を拒否した事によって、閉居罰一〇日に科せられました。

服役態度によって優遇処置があり一種から五種まであり、上位に進むに従い処遇が大いに緩和される仕組みです。

テレビは午後五時三〇分から九時まで自由チャンネルで視聴が許されます。就業日は毎日戸外での運動が認められているので、社会復帰のために毎日二〇分のジョギングと腕立て一〇〇回、スクワット一〇〇回で体力作りをしています。

信書の発信回数も、五種で月に四通、四種で五通、三種で五通、二種で七通、一種で一〇通となっています。

作業報奨金は一等工から一〇等工まで分けられ一時間あたりの支給金が出ます。因みに九月分一八〇円、一〇月分五八〇円を貰いました。そこで日用品を購入するにもままならない今、厚顔なお願いですが、一万円程借用という形で郵送して頂けませんでしょうか。

今ここに至っては、関川さんを憑依《ひょうい》するしかない庄平です。

『焼け野の雉子《きぎす》、夜の鶴』との諺《ことわざ》がありますが、今になって親の有り難さを知るこの頃です」

「庄平のヤツ難しいことばを使い、一万円の無心か」

関川は苦笑する。

毎月欠かさず手紙

自己改善目標等。
二〇〇七年一二月×日
「いつもながらの関川さんのご高配深く御礼申し上げます。
今回は矯正処置日のプログラムについて報告します。
①体育として午前、午後各三〇分ずつ、合計一時間の室内運動。
②教養番組の視聴、政治、経済、社会問題などに関するビデオの視聴。
③自己改善目標の設定及び自己評価、自分自身の目標を設定し、その目標の達成度について自己評価する。
④読書指導、受刑者の読書習慣を醸成《じょうせい》することを目的に静かに読書する。

⑤自主学習、釈放後の生計を得るための職業通信教育その他一般改善指導、特別改善指導などに関する自主学習。
⑥録音教材聴講、法務省作成の録音教材を聴講。
⑦音楽鑑賞、クラシック、童謡など心情安定に資する音楽を鑑賞。
⑧「受刑者所内生活の心得」に記載の薬物離脱指導などの改善指導を実施。
など。
次に一日の「受刑者動作時限」は次の通りです。
起床 六：五〇　点検 七：〇〇　朝食 七：一〇
出房 七：三五　始業 七：五〇　午前休憩 九：五〇～一〇：〇〇
昼食 一二：〇〇～一二：二〇　休憩 一二：二〇～一二：三〇
終業 一六：三〇　入房 一六：三五　点検 一六：五五　夕食 一七：〇五
余暇時間 一七：三〇～一八：三〇　就床 一八：三〇　就寝 二一：〇〇
一二月一三日より冬季処遇の一環として寒さ対策用の私物購入による「耳あて」「手袋」の使用が許可になりました。但し、作業中、人員点検中、食事中、就寝中は不許可です。以前の生活処遇と比較した際、変われば変わるものだなあ、と歓心頻《しき》りです」
庄平は毎月欠かさずに、関川への手紙を送った。多い月は三通は書いている。内容は刑務所内での日常生活、作業内容、運動時間、余暇時間、教化、レクリエーション、食事の献立やカロリーに至るまで、こと細かく暇にあかして書きつづったものだ。

「自由を束縛され、何の希望も持てず、心休まらない刑務所の生活の中で、遠い故郷に思いをはせながら仁さんに文を書いている時だけが、至福なのです。仁さんの庄平に対する寛厚《かんこう》が計り知れない光明として庄平を支えてくれているのです」

などと関川に対する謝恩のことばも、欠かさなかった。

一方で、安野らに対する遺恨の念も消えることなく、悲観と絶望、失意の心を憎悪と復讐心で燃やし続けることによって支えているのだ。

彼は、遺恨と謝恩、故郷や母への想い、刑務所内での出来事、怒りや悲しみ、ちょっとした喜びなど、その日、その時の心の情態を詩《うた》、俳句に詠《よ》んで、手紙の末尾に書き添えるのであった。

「短歌や俳句も国費で勉強したのか、それとも盗作なのか、やつなら簡単に他人の作品も盗むよなあ。刑務所の塀の中で身体を鍛えて、犯罪の手口を研究して、出所してまた泥棒稼業か。ヤツの才能をいい方に使わしてやらなくては、まさに国費の無駄遣いだ」

苦笑いをしながら文面を見つめる関川であった。

遺恨の炎

二〇〇八年一月×日

「庄平は、悲観と絶望、失意のまま新年を迎えました。罪を犯した事の反省は充分悔悟しますが、安野との約束を履行し今般《こんぱん》の結果を招いたのは痛恨の極みです」

と書き出し、正月の食事献立等について詳細に書く。

「特に、正月三が日は、お節料理の詰め合わせ、チョコレートパイ、瀬戸《せと》の汐揚げ（海老センベイ一八枚入り）、リンゴ一個、ミカン三個、すまし雑煮、丸餅二個、ぜんざい、など、一年を通して一番の楽しみであった食の一大イベントで終わりました。これからまた苦しい一年が始まるわけであります」

二月×日

「朝な夕なの庄平の思い、安野らに対して、心火《しんか》を燃やす毎日であります」

雪花の　舞い散る午後の　ひつじ草

寒さこらえて　春を待ちおり

三月×日
「関川さんのおっしゃる通り、庄平も年齢のことを考えると今が潮時とも思っております……」
と書き出すものの、恨みの心は続く。

一年（一念）の　歳月流れ　今更に、
恨み骨髄、安野許さじ

四月×日
「庄平は他の者が暖を取ったり寝ころんでいる間も欠かさずに、二〇分のジョギング、一〇〇回のスクワットと腕立て伏せをやって身体を鍛えています。これも、安野らに対する恨みを晴らすためです」
（泥棒は、体力気力が無ければ出来ないからな。庄平のやつ、ジョギング・スクワット・腕立て伏せ等で、身体を鍛え、泥棒の手口を研究し、学び、安野への恨みを晴らそうとしている。塀の外での自由な国家公務員活動をやるために務めているのか。庄平の言うとおり、矯正施設ではないなあ。国費の無駄使いだよなあ）と関川は思う。

（母を思う）

七月×日

「庄平八日に五八歳になりますが忸怩《じくじ》たる思いです。痛心に堪えない母の行く末、輾転反側《てんてんはんそく》の眠れぬ毎夜です」

刑庭《にわ》の薔薇　花盗人も　無い侭《まま》に
　虚しく散らす　六月の雨

激励

九月×日

「規律正しい生活が刑務所生活である筈の中で、その生活に嫌気がさして反抗的態度によって、懲罰も一度ならずとも、二度、三度と繰り返してきました、頭の中では分かっていても、従順な気持ち、態度を取る事が出来ず情けない限りです。

他人を恨むばかりの一年でした。

―中略―

特に最近おふくろの夢を見ます。どうしているのかなあー、元気で達者で過ごしているのかなあー、それとも……もうこの世に存在していないのか？と気を病んで眠れぬ夜もあります。

元気で出所しておふくろに再会した暁には、おふくろの元で家業の惣菜屋の手伝いを真剣に行い孝養《こうよう》に励みたいと考えております」

彼岸花　誰を偲んで　弔うか

「大馬鹿者が！」

時に関川は、手紙で庄平を厳しく叱った。

「反抗的態度で懲罰を受けたとあるが、庄平は馬鹿か！　刑に服している身で担当さんに反抗するとは情けない。監獄は犯した罪の罰を受け反省する場所である。決定した刑を真面目に務め上げるように。

二度と反抗的態度をとることのないよう自分自身を戒め、担当さんに迷惑をかけないようにしなさい。大馬鹿者が！

そりゃあ娑婆にいる時と段違いな生活があるだろう。しかし、それを務め上げるのが罪の償いというものだ。

庄平も親を思う優しい面がまだ残っているようなので、よく反省して、身をきれいにして松江から出直して来なさい。

いつでも待っているよ。身体に気を付けて頑張れ」

怒りに耐えて冬の雪

二〇〇八年一二月×日
「関川さんの幾度の心遣い、仁恕《じんじょ》には唯々頭が下がる思いです。

――中略――

今年一年を振り返り自己の行為を省察した際、決して猛省しているとは思えぬものでした。心が煩乱《はんらん》し人を恚恨《いこん》するばかりで無駄で無意味な一年を過ごしてしまいました。深く反省しております……」

(じんじょ。「なさけぶかくおもいやりのあること」。はんらん。「くるしみみだれること」。いこん。「いかりはらをたててうらむこと」。――庄平のヤツ難しい言葉を使うから、読むのが大変だよ。)辞書を片手に関川が、呟く。

二〇〇九年一月×日

「心機一転、将来を見据えて計画を立て一つ一つのプログラムをきちんと消化し、本来の人間であるべき姿を取り戻すために努力をしていきます。

—略—

庄平が真面目になることによって、関川さんに恩返しが出来るものと信じてやみません。百里来た道は百里帰ると申しますが、今の庄平のおかれた立場は因果応報で、神仏より与えられた試練と思い、何事にも耐え忍んで今年一年を邁進《まいしん》していく所存です……」

などと一年の計を長文で送る。

降る雪や　深々と過去連れて
　こみ上げる怒りに　耐えて冬の雪

二〇〇九年三月×日

「『世の中は三日見ぬ間の桜かな』という句がありますが、それ程世の中の移り変わりが早いという事ですか……出所は三年先の事だからと暢気《のんき》に考えていては駄目だと思っておりますが、庄平はこれといって手に職を身につけているわけではありませんし……

出所後は六二歳になっています。母親が無事におって惣菜屋でもやっていれば手伝いが出来るのですが――」

愚痴ひとつ　聞いてもらいし　夜の蜘蛛

（庄平のヤツ、手にドロボーの職を持っているじゃあねえか。大分弱気になっているな）

関川は含み笑いをした。

衣食住不安のない安住の場所

二〇〇九年四月×日
「刑務所にいわば徹底した規則や制限の中で日常生活を管理され、それに従っていれば三食、衣食住は保証され何一つ不安のない生活が営めるわけでありますが、社会に戻れば厳しい現実が待っています……。
―中略―
母親の安否もしきりと気がかりとなり、情緒不安定と相俟《あいま》っております。刑期も二年を消化、今は寸暇《すんか》を割いて体力維持に努めています。ジョギング二五分、腹筋二〇〇回、腕立て二〇〇回とメニューを増やしました。同囚の人たちはこの庄平に目を見張っています」

忘れ得ぬ　人を思えば　いつしかに
　名知らぬ鳥の　朝の囀《さえず》り

不安の中にも楽しみあり

二〇〇九年六月×日

「塀の向こうに見える里山の緑も色濃くなり、鶯《うぐいす》や名知らぬ野鳥の囀りが心地よさを辺りに運んできます。

五月二七日には所内の体育会が開催されました。この楽しみと言えば競技そのものよりも当日給与される食べ物にあり、気持ちがおどります。

今年はアルフォート、チップスター、どら焼き、パイまんじゅうが給与されました。貴重な糖分補給であり楽しみなわけです。

庄平五九歳を迎えます。数え六〇歳の厄年に当たりますので何かと不安になります。果たして出所出来るのか、と危惧する毎日が続いています。気持ちがゆれ動き情緒が安定しない庄平です――」

葉叢《はむら》飛ぶ　短き夜を　うたうごと
仄《ほの》けく光る　螢のワルツ（乱舞）

二〇一〇年

この年も庄平は、その日その時の心情を欠かさず手紙で送ってきているが、正月の手紙で関川に誓った一年の計は何ら実らず、安野に対する怨嗟《えんさ》の情は消えず、情緒不安定な年を送っているのであった。

二〇一一年

残刑一年となると出所を意識してか、母親を思う心情が垣間見られ、社会復帰への意欲ものぞく。

だが、安野らに対する恨みの心は強くなるばかりだった。

二月×日
「関川さんの教え、諭《さと》しを守り、所内の生活も規則を遵守していますのでご安心下さい。書き忘れました。今年もお年玉嬉しく頂きました」

心経に　無の字のつづく　深雪かな

関川は毎年正月には（何歳《いくつ》になってもお年玉をもらうのは嬉しいものだ）と肉親の愛情乏《とぼ》しく育った庄平を思いやって、お年玉を送っているのだった。
入房四年残刑一年となっても安野に対する恨みと母への思慕の念は募るばかりだった。

瞳を閉じて、母の面《かお》追う

三月×日
「庄平の残刑も余すところこの四月で一年となります。辛いとき、悲しいとき、不安な日々も関川さんの存在があったればこそ精神的に支えられて来ました」

日の落ちて　さらに明るき　さくら花

関川は時折、返事の手紙で庄平を励ましそして諭した。

「庄平も来年の今頃は娑婆での生活か。今後は、一日一日を大切に過ごし出所後の身の振り方も考えておくように。

庄平のおふくろも大分年を取ったが、親孝行は生きている内だよ。身をきれいにして出所し、今度こそ二度と罪を行わないよう人生の出発をしなさい。おふくろさんのことは、時々会って庄平は元気で務めているからと伝えてあるから心配しないように」

五月×日

(出所まで存命でいて欲しい。母への想いを……)

「おふくろとは、二〇〇六年に逮捕された時、衣服の差し入れのため面会に来てくれて、その時会ったのが最後です。以来、連絡も取っていません。

刑務所に入ったら連絡を取らないというのが、庄平の信念です。

でも、ジンさんがいつか言ったように、母子の絆は切ろうとしても断ち切れるものではありませんね。少年、青年期の一時期、施設に預けられたことに反感を持ち、恨んだり、憎んだりしてみたりして、『好き勝手に楽しんで俺を生んだくせに』と罵声を浴びせた事もありました。反抗的な態度でおふくろを困らせた事も数知れず、何度となくおふくろを暗涙《あんるい》させたかと思うと心が痛みます。

—中略—

ジンさん、庄平は今回逮捕されて以来、有神論者に代わりました。余命幾ばくもないおふくろの人生を考えた際、『天佑神助《てんゆうしんじょ》』のお力添えで、一病息災、長寿を願わざるをえません。毎日の般若心経で一句一句に願いをこめています。

出所まで存命でいて欲しいのです。おふくろの元で惣菜業を手伝いしながら安住の地として、おふくろと一緒の生活をして、余生を過ごしたいと思うのです」

今生に　見ゆる事の　かなわねば
瞳を閉じて　母の面追う

七月×日
（恨みは募るばかり）

「社会復帰後の生活の糧をどうしていくか？　不安な日々で眠れぬ夜も間々あります。安野への恨みは募るばかりです。六一歳の今、手に職のない男に仕事があるのか、と。

おふくろでも生きていてくれたらもう一度頭を下げ、惣菜屋の手伝いをしていけるのですが……」

はじけたる　花火にも似る　曼珠沙華《まんじゅしゃげ》
かそけき心に　燃えて離れず

「庄平の残刑も数ヵ月となり、出所後の事で悩んでいることがよく分かったよ。実際に現実は厳しいが、出所したら年老いた母親に孝行しなさい。それが人間としての生きる喜びとなるんだよ。他人《ひと》を恨んでばかりいては、無為徒食で人生の結末を刑務所で迎える事になるだろう。とりあえず切手代を同封するから大切に遣いなさい」

と、一万円を同封する。

関川は庄平の老いた母親のためにも、二度と泥棒稼業をさせてはならない、と思っているのだ。

九月×日

（遺恨と恩義終生忘れず）

「逮捕以来一一月九日で、五年の歳月を迎えるわけでありますが、過ぎてしまうと歳月はあまりにもあっけなく経ってしまった気がします。

人生の大半を刑務所という隔絶された社会で過ごして来た庄平には因果応報の結果でした。親不孝の限りを尽くし迷惑・心配ばかりをかけたこれまでの人生でした。

—中略—

今までの虚栄の生活では関川さんの言われる通り人生の結末は刑務所で迎えることになると充分に分かってるのですが、刹那的思考が抜けきれない愚かで幼稚な男です。

今般までの、精神的、金銭的な身に余るご厚情に心底から感謝申し上げます。恩義は決して忘却しません。

ですが、関川さん。安野への〝不倶戴天〟の感情も決して地の果てまでも忘れません。

口惜しさと遺恨の気持ちは五年の歳月が過ぎても、忘れようとすればする程、脳裏にふつふつと沸き、耐えることも忍ぶことも相手を諒恕《りょうじょ》することも出来ません。どうかこんな庄平をお許し下さい。

これからは老い先短いおふくろの人生を考え、孝養を尽くします。

残りの人生を真っ当に生きることがおふくろや関川さんへの恩義に報いる道程と思うのです」

もの見れば　そこに生まれる　秋の陰

母の死

二〇一二年一月二五日

「庄平のおふくろさんが死にました。今朝の四時二〇分だそうです。入院していた東部ガンセンターから報せがありました」

県東部大泉町に在る大泉警察署捜査一課長金山《かなやま》警部から、関川に電話で訃報が届いた。

「そうか……間に合わなかったかー」

関川の軽い溜息が、金山の耳元に届く。

「俺も何度か見舞いに行ったんですがね、一〇日前に行ったときは、もう意識朦朧《もうろう》でしたから、話もできなかったんですすよ」

「ありがとうな、キンちゃん。それで、いつだい、茶毘《だび》は？」

「庄平は身寄りがひとりもいないので、明日午後一時、町の斎場です。俺も行きますが、関川さん来られますか」

「もちろん行くよ。庄平の代わりに骨くらい拾ってやらなくちゃあな、かわいそうだよな」

庄平に報せるべきか、出所まで報せない方がいいか？　関川は思案する。

翌、二六日。

大泉町斎場二号霊安室。ストレッチャーに載せられた棺に、庄平の母の小さな遺体は穏やかな表情で眠っていた。遺族は、一人もいなかった。

(ネコちゃんの時と同じだな)。関川は、そう思った。俗名　青田みね　とだけ記された白木《しらき》の位牌《いはい》が釜の前の焼香台に置いてあるだけだ。

「女手一つ、働くだけの一生だったんかなぁー。一人息子の庄平はドロボー稼業で、親子の生活なんて、子どものときの一年か二年か……」

関川が呟く。

「全く、親不孝なヤツだ」

金山は目に溜まった涙を、ハンカチで押さえていた。

塀の中からの最後の手紙は、

「五年数ヵ月、誠にありがとうございました。

関川さんの恩情には幾重にも感謝申し上げます。社会に戻れば常に苦難が待ち受けておると推測致します。刑務所では、不平不満を並べていても、三食それなりには食事に有りつける訳ですが、社会はそんな訳にはいきません。身を引き締めて真剣に考え行動を取って行かなければなりません。

不安な気持ちで心穏やかならずで、出所を迎えます。

悩み多かりし、文章もまとまりません。これが最後のお手紙になると思います」

三月は　出会いと別れ　交差する
　思い出深き　春の淡雪

とあった。

「自由っていいなぁー」


二〇一二年四月二日。

関川は、松江刑務所の正門の前で庄平の出所を迎えた。

刑務所といえば、レンガ造りの高い塀を予想していたが前橋刑務所とは全く様子が違っていた。

「前刑」の塀は五メートルほどもあり、中の様子は外からは全く分からないが、「松刑」の塀は、一、二メートル位と低い。塀の中の建物がそのまま見える。工場か、会社の保養施設のようにも見える。

高台の見晴らしのよいところにあるので、周辺の風景も一望に見渡せる。刑務所裏側眼下にある横幅三〇メートルくらいの池には、ボートがゆったりと浮かんでいる。

庄平が季節の移り変わり、このシマの情景などを手紙に詩のような表現で報せてくるのはこの池のことか、と思う。

（ここには、凶悪犯罪の受刑者はいないのだろう）とも思った。

午前一〇時頃、庄平が刑務官に送られて、正門から眩しそうに天を仰ぎ見ながら出て来た。黒のTシャツに茶のジャケット、黒のパンツ、肩から黒色のボストンバッグを下げている。入った時と同じ服装だ。

「おい、庄平迎えに来たぞ」

関川が顔いっぱいの笑顔で迎えた。

庄平は照れ笑いをしながら、長身を折った。

「行こうか――」

関川は見送ってくれた若い刑務官に礼を言って、待たせておいたタクシーに庄平を乗せた。

「庄平、何が食べてえや」

「ジンさん、酒を飲んでタバコが吸いてえんです」

「すぐそこにコンビニがありますよ」

こんな情景には馴れているのか、運転手が勝手に口をはさんで来た。

「ああ、じゃあそこで停《と》まって下さい」

コンビニで、日本酒ワンカップとタバコ一箱を買って庄平に手渡した。

「昼めしにはまだちょっと早いけど、どこに行くかなあ、庄平」

関川が言うと、

「松江城にまず行って、城下の有名なソバ屋で……というのはどうですか、近くに静かな公園もありますけど」

運転手が親切に口を入れてくれる。

「お泊まりはどこですか？」

「決めてないんだけど、どこか安いホテルはありますかねえ」

「車で三〇分程のところに有名な『玉造《たまつくり》温泉』が有りますよ。お肌がツルツルになるらしく万病に効きますよ」

ここの運転手は観光の案内も兼ねているようだった。二人は松江城の前でタクシーを降りた。

「温泉へ行くときは電話して下さい」

運転手が電話番号が大きく書かれた業務用の名刺を関川に渡した。

二人は、遠く海が望まれる公園の東屋《あずまや》に座った。

庄平はのどを鳴らして、うまそうに、二口で日本酒のワンカップを飲み干した。タバコに火をつけ、空を仰いで煙を思い切り吐き出し、

「自由って、いいなぁー」と言った。

大酒飲みの庄平が、一合の酒で顔を赤く染めてほろ酔い気分になっている。

「庄平、そこでソバを喰ってから「玉造温泉」まで行って垢落としすべえや。明日は出雲大社《いづもおおやしろ》にお参りしてお祓いをしてもらってから京都に行って、清水寺《きよみずでら》にお参りして、高崎に帰るというのはどうだや」

「すみません、ジンさん、そこまで考えてくれたんですか……」

庄平が手の甲で、涙の目をこすった。

タクシーの運転手が言ったとおり、ソバ屋は味で有名らしく観光客と地元の人たちでほとんどの席は埋まっていた。

二人は待合いの長椅子で一〇分ほど待たされてから、席に案内された。全席禁煙なので、タバコは吸えない。

ビールとソバの大盛りを注文する。

「おめでとう庄平、頑張れよな」

「はい、頑張ります。感謝しきれません」

二人はビールの注がれたコップを軽く合わせた。

「これが自由ってもんですねぇー、ジンさん。あぁー、自由って、いいなぁー」

庄平は辺りかまわず大粒の涙をぼろぼろとこぼしながら、言う。

「庄平、ソバ食べろや、泣いてたら食べられねえぞー」

関川が笑顔でうながした。

慟哭

「玉造温泉」は、島根《しまね》県の北東部に位置し、宍道湖《しんじこ》の南に在る。

二階八畳の日本間に通され、浴衣に着替えた二人は、大浴場に直行した。

「これが自由なんだなぁー、いいなぁー」

庄平が吐き出すように大声で言った。まだ時間が早いせいか、他の入浴客はいなかった。「ジンさん、背中流します」

庄平が長年の感謝の気持ちを次々と連ねながら、関川のがっしりした背中をタオルで擦る。

「庄平、今度は俺が流してやるよ。本当の垢落としをしてやるからー。二度とこんなに垢をためないようにしろよなぁー」

関川が優しく言う。

一〇畳の日本間に夕食の膳が二つ運ばれ、向かい合うように並べられた。

「夢のようだよ、ジンさん。マグロの刺身食いたかったなぁー、あそこ（刑務所）では生物は食べられなかったからねえ、牛のシャブシャブかー、これもあそこでは食べられねえものねぇー」

喜色満面の庄平を目の前にして、

「庄平、食べる前に話したいことがあるんだ」

関川が、口を開いた。

庄平の母が息子の出所を待たずにあの世に逝ってしまったので、庄平にはこの世に身寄りはいないのだ。母の死は伝えていなかった。いつ、どこで話そうか？　関川の心に重く引っかかる問題であった。

何か悪い予感を感じたのか、庄平の顔がこわばった。

「実はな、庄平――」

「死んだんですか、おふくろ……」

庄平の表情が歪んだ。

「うん、今年一月の二五日にな、キンちゃんから報せがあったんだ。大田《おおだ》市にある東部ガンセンターに入院してたんだけどな……、キンちゃん、今大泉署の捜査一課長だろう、頼んでおいたんだ。たまには見舞ってくれって。庄平も、もう少しで刑期満了の時だしな、淋しがるし、何か問題でも起こして刑期が延びたりしたらなぁー、おふくろさんも悲しがるしな……」

「間に合わなかったなぁー。親孝行出来なかったなぁー」

庄平は畳に手をついて呟いた。涙がポトポトと落ちている。眉が震えている。

「畜生め、安野のヤツが裏切らなければ、五年も懲役くわなかったんだ……」

安野への憎悪がまた口をついて出た。庄平の感情の波は大きい。酒を飲むとその波は更に高まるのだ。

「おふくろぉ〜」と、号泣した。涙と鼻水を垂らしながら、肉や刺身をほおばった。

「庄平、おふくろが死んだことまで他人のせいにしては駄目だよ。お前がそんな気持ちでいるうちは、おふくろさん成仏できねえぞ。おふくろを裏切ったのは庄平なんだぞ。真っ当な人間になって帰ってくるのを待ちわびていたのはおふくろなんだぜ」

「心では分かってるつもりなんですけど、つい、安野の顔が浮かび上がって来ちゃうんです。すみません、ジンさん、もう言いません」

「おふくろさんの骨は、俺とキンちゃんで拾わせてもらったよ。納骨して、長光寺《ちょうこうじ》というお寺さんに安置して供養してもらっているよ」

「すみません、ジンさん。キンちゃんもおふくろのところへ行ってくれたんですねー」

庄平は右手の甲で、涙を拭いた。

「おふくろの供養は高崎に帰ってからすることにして今夜はとりあえず出所祝いだ、庄平、飲んべえや」

その夜、庄平は泣いて、笑って、怒って、関川への感謝のことばを繰り返しながら酔いつぶれた。

「この庄平はジンさん、何十年間も刑務所を出たり入ったりを繰り返して来ましたけど、捕まえる側の元刑事が正門前まで迎えに来てくれて、県内の観光スポットを見学して、温泉に一緒に泊まり、一緒に風呂に入って、夢にまで見た海の幸で浴衣の二人が向かい合って飲んで食って対等に語らうことなんて一度だってありませんよ。

普通は最寄りの主要駅でおっ放す。いわゆる昔からある解き放しというヤツです。どこへ行くのも自由だ、ということなんだけど結局は一旦、郷里へ帰るというのが多いんですが、仕事がないし、汗をかく仕事はしない、楽に大金を手に入れるには一番馴れているドロボーだ、ということでまた、罪を重ねていくんですよ。

でも、今度の出所位『自由はいいなー、本当の自由ってこういうんだ』と思ったことはなかったです。ジンさんへの恩は死んでも忘れません」

庄平は自由、自由を繰り返し謳歌しながら、食べて飲んだ。

元刑事と現役の泥棒が温泉旅館の一室で、床を並べて寝た。

人生はいろんな出会いがあって、いろんな絆が作られて、不可思議な人間関係も出来ちゃうのだ。

閻魔大王への誓い

翌日、関川と庄平は、島根県東部に在る日本最古の神社「出雲大社」にお参りしてから、京都《きょうと》に直行、「清水寺《きよみずでら》」に参拝。その後「引接寺《いんじょうじ》」の「千本閻魔《えんま》堂」にお参りした。

閻魔大王の前に座った七〇代も後半かと思われる小柄の尼さんの前で、庄平は頭《こうべ》を下げて説教を受けた。

「私、青田庄平は、罪を犯し、五年の刑罰を受け刑期を務めて昨日松江刑務所を出所してまいりました。母に会いたい一心で辛い入房生活も耐えてまいりましたが、その母も私の出所を待ってくれず三ヵ月前にあの世に逝ってしまいました。この先厳しい社会でどう生きて行ったらいいかご教示下さい」

小声で呟くように言う庄平に、

「前世のことは忘れて正道《せいどう》に生きなさい……それこそが母への供養ですよ」

慈母観音《じぼかんのん》のような尼さんは、優しく言い、庄平の頭を撫でるように右手をそっと置いた。

「はい、正道に生きます」

庄平は長身を丸めて閻魔大王の前で誓うのであった。

「庄平、検事と判事を両脇に据えた閻魔様の前で誓ったんだからな、ウソを言うとあの世で舌を抜かれるぞ」

高崎への帰りの電車の中で、関川は庄平の耳に囁いた。

前兆

母のいない高崎市には、庄平の泊まる家はなかった。五年間の懲役で働き、貯まった金は、八万円だった。

市内の安宿に落ち着いた庄平は、翌日、関川の運転する車で高崎市の長光寺に母のお骨を受け取りに行った。白布で包まれた納骨箱には、
亡・二〇一二年一月二五日。

俗名　青田みね　享年　八六歳、とあった。

寺には大泉警察署捜査一課長の金山警部も来て、立ち会ってくれた。

「キンちゃん、ありがとうございました、おふくろが、大変お世話になりました」

金山の手を取って庄平は涙目で礼を言った。金山は母親の病状や見舞いに訪れた時の状況などを静かに言って聞かせた。金山が面会したときはもう話のできる状況ではなかったとも言った。

しばらくの沈黙の後で庄平は言った。

「キンちゃん、安野はおふくろの死んだの知ってるんですかねー、今、ヤツはどこにいるんですか」

「多分知らねえよ。今彼はどこだっけかなぁー、刑事部門じゃあねえけどよ」

金山は話を逸《そ》らした。

「この男、一度思いこむと危《やば》いぞ」

関川と金山は同じ思いを心で呟きながら、目を合わせた。

庄平は母のお骨を胸に抱いて、宿に帰った。

はじめての住処《すみか》

関川の長年の刑事人生の中で、彼が知ったプロの泥棒が更生して真っ当な生活に戻った例は思い当たらなかった。何の職業にも就かずに、汗もかかずに他人《ひと》様の財物を窃取《せっしゅ》して酒を飲み、女と遊び、住居も定まらないままの自由な怠け癖の付いた者が真っ当な社会の中で暮らすことは並大抵の努力ではないのである。

彼は、「捕まえてナンボ」の刑事社会で数百人もの泥棒を捕まえて刑務所に送った。だが、法の目的は「犯罪者を捕らえて被害を回復して最終的には、犯罪者を二度と罪を繰り返さないよう更生させることにあるのだ」という思いはいつも持ち続けていたのであった。

青田庄平が泥棒仲間の中で「奇行変人」と言われるように、関川も刑事社会では「なぜ泥棒野郎にそれほどまでしてやるのか」とその行為は奇行と受け止められているのだ。

関川は思う。

「いつまでも庄平を安宿を転々とする気ままな生活をさせてはならない。まず定まった住居を見つけてやらなくては」と。

幸い格安なアパートは直ぐに見つかった。彼が相談役をしている葬儀会社「高花《たかはな》」に出入りする女性の不動産業者に話をしたら「市内にワンルームで、二万円のアパートが一室空いている」という。彼は庄平を連れて直ぐにそのアパートに行った。三室二階建ての古い民間アパートの一階東側の一室であった、庄平は喜んで直ちに申し込んだ。黒のボストンバッグ一つが彼の全財産だ。引っ越しなどというのではなく、その夜からそのまま、母のお骨と共に住むことになったのであった。

関川は、中古の二一インチテレビと、地デジ用のチューナーを取り付けてやった。冷蔵庫はキンちゃんが自宅にあった使ってないのを、運んできた。ふとん類は関川が刑事時代から親しくしている商店主が「死んだおふくろが使っていたものだけどいいかい」と持ち込んでくれた。湯沸かし、やかん、茶わんなどは「高花」の従業員が寄付してくれた。

高花の社長以下従業員は、庄平が泥棒だということを皆知っている。

関川が「元ドロボーです」と皆に紹介しているのだ。葬儀会社の従業員は、人生の終末を飾ってくれて、あの世に送ってくれる人たちだ。変死体も年中扱っており、身元が判明すると全国どこにでも搬送してやる仕事もしている。ドロボーぐらいのことで驚かないし、底辺社会に住む人たちに親切なのである。

「今までは、人を妬み、恨み、社会のせいだと悪事を働いてきたが、俺みたいなどうしようもない人間にこれほどまでに善意をほどこしてくれるのか」

呟く庄平の頬に、涙が落ちた。

生活保護は無理か

住居が定まったら、次は仕事だが、これだけはすぐというわけにはいかない。定職が見つかるまで生活保護を受けることは出来ないものか。

高崎市の健康福祉課には、警察ＯＢが五人嘱託職員として再就職していた。生活保護の不正受給者を無くすための調査員としてだった。

関川は刑事の先輩であった調査員のKに相談した。

「Kさんもご存知のとおり、刑務所を出てきたばかりのプロの泥棒が真面目に働きたいからとハローワークに行っても、前歴が分かればまともな職などには就けないですよねー、庄平も今は真っ当に働きたいと言ってますけど、金が無くなれば結局泥棒するしか生活の手段がないと思うんですよねー。一人くらいは真っ当な人間に立ち直らせたいんですよ。俺を頼りにしてくるヤツを放っておけないですからねー。

というわけで、ヤツに生活保護は無理でしょうか？　最低限の生活のめどをつけさせてから仕事を見つけさせたいんですが……。

放っておいて、また泥棒をさせて刑務所で国費を使わせるのと、仕事が見つかるまでの期間、生活保護費という国費を使う、というどっちかの選択だと思うんですけどね」

と話した。

「ジンちゃんの面倒見のいいのは現職時代から変わらないやねー、アパートまで住まわせてやって住民登録をさせたんだからなぁー、俺も放っておけないやなー、諸悪の根元は泥棒にありで、泥棒はさせたくねえってことだいなー、ジンちゃん今でも刑事やってるんだいなー」

Kは早速手続きをしてくれた。そして翌五月の中旬に、生活保護受給が決まったのであった。

関川は庄平に携帯電話を持たせた。当面、庄平の動向だけは管理しておかなくてはならない、と思ったのだ。

六〇過ぎのプロの泥棒を更生させるのも、結構手間暇と金がかかるのである。だが、これだけは女房には内緒の事であった。「ネコ」に続いての「庄平」である。二人の大盗人を何でここまで面倒見るの！　と怒るのは目に見えているのである。

国家公務員泥棒職

庄平は喜んだ。六〇を過ぎて、生まれて始めて、自分だけの住処を持てたのである。

「ジンさん、すみません、俺、刑務所を出ても国費の世話になっちゃって。俺は国家公務員だよね」

「国家公務員泥棒職かい」

関口がからかう。

「もうやりませんよ。ジンさんにこれ以上迷惑はかけられませんから……、塀の中は自由のない国家公務員で、塀の外は自由のある国家公務員ですが、どっちみち国費で食わせてもらってるってえわけで……」

庄平は照れ笑いしながら言った。

庄平は一〇日に一度は関川の勤務する「高花」の事務所にやって来て、日常の一部始終を報告した。関川は専用の冷蔵庫に飲み物、果物などを常に入れて置き、庄平に自由に飲ませたり、好きなようにアパートに持って帰らせた。

「ジンさん、毎日が暇過ぎて、一日を過ごすのが大変ですよ」

と冗談まじりにこぼす。

「昼間アパートにいないとねー、週に一～二度市の調査員が来て『どうですか、仕事は見つかりそうですか』って聞くんさねー、ちょっと腹が立つんさねー、部屋中といっても六畳一間ですが、ジロッと見回しやがるんで……新しい家具や調度品がないかなど見てるんですよ。

あの時の目配りはね、ジンさん。刑事《でか》の目ですよ。じろ～、とね。嫌な目ですねー、泥棒のブツがあるか、どうかを見に来る刑事の目なんですよ」

「泥棒の目と同じだぜ、生活保護の不正受給者が多いんだから仕方がないさ。大切な税金を使って支給してるんだもんな。だけど、こっちは不正を働くヤツを見つける正しい目だぜ、庄平」

(この間まで本物の刑事だったんだから、無理もねえけど庄平の勘働きは現役だ)

関川は、思った。

庄平は五年間の刑務所生活で鍛えた身体を持て余しているようであった。

「庄平、オートバイの免許を取って新聞配達でもやるかい」

関川も庄平に早く職に就かせたかった。

「暇すぎて指先がむずむずしねえか」

関川は笑いながら言うが、その目は鋭く庄平を見ていた。

「やりっこないでしょう、閻魔大王の前で尼さんに誓ったし、ジンさんの顔に泥を塗るようなことだけは出来ませんよ」

庄平はムキになって言う。


六ヵ月が経った。庄平も、定まった住居での一人暮らしにも馴れてきたようであった。昼間は、市内にある「中川《なかがわ》長寿センター」で過ごし、夜は一〇人も座ればいっぱいの小さなヤキトリ屋のカウンターで焼酎を飲んでいる。とも言った。長寿センターでは囲碁クラブに入り、強い相手を見つけては一日中打っていると言う。彼は囲碁二段の免状を持つ程の腕前であるが、これも刑務所で覚えた特技である。

衣食住から趣味に至るまですべては国費でまかなっているのである。

刑務所は庄平にとって、作業場であり、研修所?であり、学校であり、病院であり、趣味の教室までも兼ね備えた場所なのであった。

再会

「ジンさん、大変な人に会ったよ」

暮れも押し詰まったある日、「高花」の事務所に来るなり、庄平が言った。

「長寿センターで、さぶちゃん刑事に会ったんですよ。ほとんど毎日来ているらしいんですけどね、会うのは初めてですよ。小さな個室を特別に専用にしていてねー、未だに新聞の事件記事を切り抜いたりしてねー、まだ刑事の勉強をしてるんだいねー、もう九五歳だそうですよ。えらいもんだよね。

ジンさん、さぶちゃんが中川長寿センターに行ってるってこと知ってたんですか？」

「うん、知ってたよ。庄平が毎日のように行っていると聞いてびっくりしたけどさ、今の庄平は真っ当な一市民なんだから言ったって仕方がねえからな……」

「そうですね、俺も今は何とも思っていないし、あの人も刑事のプロだなあーと尊敬してるくらいですから名乗ることもないですよね」

庄平は毎日の過ごし方に大分馴れて来たようだ。表情も目つきも穏やかになった。

(ドロボーをやっている目ではない、あとは何か仕事に就かせることだ）と関川は思った。

罪は犯さないといっても、健康な男が毎日、長寿センターで囲碁を楽しんで、夜はヤキトリ屋や小料理屋のカウンターで焼酎を飲んで、俺は国家公務員だといつまでも言わせておいていいものか。

生活保護の支給金が国民年金の受給額を上回る、ということも問題だ。もしも、生活保護費を受けながらドロボーを働いたとしたら社会的に非難されるのは、国費を支給してる国となるが、その責任は皆自分にあると思うのだ。

その一方で、国費を無駄遣いしたり、だまし取ったりしている諸悪の多い現在の実態からすれば庄平への一〇万円位は泥棒を繰り返して刑務所の門を出たり入ったりすることを考えれば、止むを得ないことだ、とも思うのだった。

復讐開始

庄平が松江刑務所を出所してから、一年が経った。相変わらず、関川の勤務先「高花」の事務所にも、一〇日に一度は顔を出して日常生活の細々《こまごま》したことまで、何でも話していく。

「最近、女が出来てさ」

照れ笑いしながら嬉しそうに言う。

「今は、女に使う余分な金はねえからね、ほとんどおごってもらってるんですよ、ホテル代もね、ヘッヘ」

「庄平は、もてるんだなぁー。人妻には手を出すんじゃあねえぞ、まあ、この問題は俺の関知することじゃあねえけどな、金のかかる女だとまた悪い気を起こすから言ったまでだ」

関川は笑って言った。

昼は長寿センターで囲碁を楽しみながら過ごし、夜は飲んで、女とも遊ぶという生活保護受給者の情報を市の調査員が知ることになれば問題になる生活ぶりではあったが、とにかく、塀の外の社会で泥棒を一年間も働かないなんてことはこれまでの彼の人生ではなかったのだ。

庄平は還暦を過ぎて、普通の市民の当たり前の人生を始めて知ったのであった。住居も定まらず全国各地を泥棒行脚《あんぎゃ》をしている時は、常に、全身を巡る動脈を緊張感の濃い血が流れていたが、今はそれがない。だから、彼の心は平穏であった。

衣食住の心配はなく、刑事の目を気にすることもなくなった。だが、一四歳の頃から、泥棒をして食べて、飲んで、遊ぶ、と欲しいものを汗もかかずに手に入れていた彼の身にこびりついた怠け者の血は容易には変えることは出来ないのだ。関川が何かと仕事をするよう持ちかけても、

「俺は塀の中でも外でもどっちみち国費で生活させてもらってるんだからさ。だけどジンさんを裏切るようなことだけはしませんから」

と言う。

(仕事をやらないのは困りものだが、とにかく、庄平の目から盗人の光は消えた)

関川は思うのだった。

「関川さん、今朝の上毛《じょうもう》新聞見ましたか!」

三月の最終日の早朝、金山警部からいつもより高いトーンの電話が入った。

「ああ、人事異動出てるねー、これから見るところだけど、大規模異動だなぁー、カネちゃん動いたの?」

「ええ、本部捜査一課盗犯担当課長補佐ということです。それより関川さん、高崎の捜査一課長、安野警部ですよ」

「ええっ!」

関川は目の前の上毛新聞を手に取った。上毛新聞は県内では一番読者の多い地方紙である。一面の左半分上部に、刑事部長にM氏、渋川署長にN氏、県警第一次異動(警部以上)内示、との大見出しがあり、部長、署長の顔写真が縦にずらっと、並んでいる。部長級や大規模署長は大体予想どおりの顔ぶれだ。

一面の記事は異動規模と主要ポスト人事、新設ポスト設置の理由などである。

関川は頁をめくった。一七面の全面が、部長、大規模署長などの警視正クラス、参事官、署長等の警視クラス、本部課長補佐、各署の課長などの警部クラスの順で埋まっている。関川は警部クラスの人事を目で追った。本部各課を始めに署の課長クラスの人事がびっしりと並ぶ。

あった、高崎捜査一課長、安野完治《かんじ》。

「まずいな、庄平も上毛を取っているんだ。ヤツは警察の人事に関心が強いからもう見ているだろうな、寝ている子を起しちゃうような人事だけど警部在任年数からいえば仕方ねえけどな。刑事と泥棒との関係なんて人事部門には関係ねえもんなー、キンちゃん」

「まあ、また暫《しばら》くは庄平から目が離せませんねー、私も安野には注意するように言っておきますけど、関川さん、庄平の動向をよろしくお願いします」

二人の目には、庄平の母親の遺骨を高崎市の長光寺に受け取りに行った際、安野の所属部署を金山に尋ねた、彼の異様な目つきが焼き付いているのだった。

日本の犯罪でプロがいるのは泥棒（窃盗犯罪）だけだ。だから泥棒を諸悪の根源とみる刑事たちは、プロの泥棒と知恵比べを繰り返しているのである。関川は「泥棒刑事」を自称して一人でも多くの泥棒を社会から隔離するために、捕まえてナンボの警察官人生を過ごしてきたが、そのプロの泥棒を真っ当な人間に立ち直らせることも彼の信念であったのだ。

（何で高崎なんだよ。分かってねえな警務部門の連中はー、五年前に庄平が県警を相手に弁護士を立てて不当な逮捕と訴え、控訴をし、週刊誌記者にまで情報を流し安野の不正捜査を訴えたことは監察課がすべて対応している筈なのだが……）

関川は心で、ぼやいた。

庄平は県警の人事異動内示の記事が出てから五日経っても、関川の事務室に顔を出さない。電話連絡もなかった。庄平の携帯に電話をする。電源が切られていた。

(おかしい？　こんな事は一度もなかった……）関川の刑事勘が、あれこれと、働きだした。

アパートに行ったが、いない。

中川長寿センターの囲碁部の部屋に行った。三〇畳程の部屋に一〇面の碁盤が並び、高齢の男たちが、真剣な表情で向き合っている。

「対局中おじゃましてすみません。今日は青田さん来ていませんでしょうか？」

関川は誰とはなしに、声をかけた。

「青田さんはここんとこ、来てねえんですよ。毎日来ていた碁敵《ごがたき》だからねえ、病気にでもなったのかと、気になっていたんですよ」

七〇歳前後の男が、顔を上げて言った。

(庄平のヤツ、何をやるつもりだー)

関川は思案した。

定期人事異動

二〇一三年四月三日（水)。

警県第一次異動人事異動発令日である。

この日は、どこの署でも、大概が署員の招集日としている。署長の異動があった署では新署長の初訓示が全署員に行われるのである。いわゆる署長着任にあたっての抱負や信条、署の運営方針などを、である。署長が留任の署でも、警部クラスに異動があれば署長訓示の後に新任の警部（課長等）が全署員に対し、○○課長着任にあたっての挨拶として、抱負や活動方針等を述べるのだ。

だからこの日は、当直勤務明けの非番警察職員も大会議室に参集し、栄転、栄進して張り切る署長、課長らの訓示、指示を眠い目をこすり、欠伸《あくび》をこらえながら聞かなくてはならないのだ。

署員らは署長、課長等上級幹部の異動内示が出ると、

「今度の署長は刑事畑だから捜査にはうるさいぞ」とか、「今度の○○課長は××部門は全くの素人だから大変だぞ」などの、情報が囁かれるのである。

その署員たちも、警部補以下の第二次異動が何よりも気になるのだ。県の最北端の署から最東部の署まで一〇〇キロ近くも離れた地に異動する者だっているのである。

すなわち、警察署にとって定期の人事異動は、最大の関心事なのである。

午前一〇時二〇分頃、群馬県下最大規模署の高崎警察署の四階大会議室。

事件、事故で出動中の警察官と各課、交番、駐在所勤務の必要限度の署員を除く二〇〇人余の

署員の前で、捜査第一課長に就任した安野警部が、紅潮した顔で自己紹介した後、捜査活動についての意気込み、抱負を述べていた。

最後の闘い

丁度その頃。署から約四キロ東方の住宅密集地にある鉄筋三階建ての「高崎署独身寮」の東端南側の一階のベランダを、軽々とよじ上った、黒色ジャンパーに黒のズボン、花粉症予防の大きなマスクで顔半分を隠した男がいた。

独身寮の二〇メートル位南側には、四階建ての民間アパートがあるが、大抵のアパート、マンションは、北側にはほとんど開けることのない小窓がついているだけなので、アパートの住人に見られることもなく道路からも完全に死角となっている。

男は、カーテン越しに室内の様子を窺《うかが》う。

寮の北側、駐車場には一台の車もなく、自転車もないのを確認してからの、慎重な行動であった。

男はジャンパーのポケットからマイナスドライバーを取り出し、クレセント錠の上部に当てて、ポンと叩く。次に下部に当てて叩く。ガラスは三角形にひび割れて落ちた。二点三角割りという手口だ。

男は、手を入れて、慣れた手際で、錠を外した。カーテンをくぐって室内に侵入すると、八畳一間の室内をぐるっと、見回した。

鴨居に吊されたハンガーに、警察官冬用のズボンが、だらしなくかけられている。

道具類といえば、小ダンスにテレビ。パソコンの載った机と、小さなテーブル。そして冷蔵庫、洗濯機が台所に並んで置いてある位だ。

男はマスクを外して鼻をチンとかむ。若い男の生臭いような体臭がこもっている。

(臭《くせ》えー)。呟いて、マスクをかけ直した。

男は四段あるタンスの引き出しを下から順に引き出す。プロの泥棒のやり方だ。だが、物色はしなかった。机の引き出しも開けたが、手も触れない。不可思議な行動だ。

そして、やにわに、床に敷いてあるブルーのカーペットの上で、ズボンを引き下げ、しゃがみ込んだ。

マスクで隠された口元が、ニヤッ、と笑った。

(さて、一筆啓上《いっぴつけいじょう》して引き上げるか)。男は心で呟き、カーテンを閉めて、侵入口のベランダからひょい、と飛び降りた。

室内には、

「アンノケイブドノ。コレデチャラニシマス。ゴケントーヲイノル」

と大書されたA四判コピー用紙の書き置きが、机の上に一枚。

カーペット上には、臭いのきつい置きみやげが、こんもりと残されていた。


その日。高崎管内の民間アパート三棟に賊が侵入して、六室が荒らされる、という事件が発生した。みな、二点三角割りの侵入手口だ。タンスの引き出しは皆開けられているが、被害はない、という。衣装やパンツなどが部屋いっぱいに並べられている一室もあった。警察の独身寮と同じ手口だ。

（庄平だ……）。「野郎！絶対に逃がさねえぞ！」安野警部は、忌々《いまいま》しそうに、呟いた。


いつか、生まれ変わった姿で…


二日後、関川に庄平からの手紙が届いた。

「ジンさん、ご挨拶もせず、突然旅に出ることをお許し下さい。庄平の心をどうしても抑えられない事態が起こりました。

大恩あるジンさんを始め、キンちゃん、「高花」の皆さんなど、これまで多くの反社会的犯罪を繰り返し、自堕落な人生を送ってきた庄平を優しく温かく包んでくれたみなさまを裏切ることだけは絶対にしてはならない、と思ったのです。

庄平は今後、閻魔大王に誓って泥棒は致しません。社会や他人を恨んだりもしません。国家公務員を辞職し、自由のある一市民として、真っ当に働き、真っ当な人生を生きます。

どこかの地で落ち着きましたら、報告いたします。アパートの大家さんによろしくお伝え下さい。やはり、働かないのは身体によくありません。生活保護は返上致します。手続きよろしくお願いいたします。

ジンさん、庄平生まれ変わった姿で必ずご挨拶に伺える日を楽しみにしています。どうか、健康に留意され、長生きして待っていて下さい。庄平」

（プロの泥棒がやっと一人減ったか？　今は庄平を信じるしかないか。回遊魚になって戻って来るんじゃねえぞ）

関川は、小さく、溜息を吐いた。

著者略歴

一九三七年（昭和十二年）、群馬県に生まれる。日本大学法学部を卒業後、一九六〇年群馬県警察官として採用される。以後、刑事、刑事官、警察本部課長、警察署長、警察学校長等を歴任。

この間、日本列島を震撼させた大久保清事件、連合赤軍事件、功明《よしあき》ちゃん誘拐殺人事件など、多くの事件の捜査・捜索にかかわる。一九八五年、高崎署刑事官在職時に起こった日航機墜落事故では身元確認班長を務めた。一九九六年に退官。

著書に『墜落遺体―御巣鷹山の日航機123便』（講談社）、『かんくさん物語―飯塚訓短編集』（あさを社）、『吼《ほ》える駐在』（文藝春秋）、『墜落の村』（河出書房新社）などがある。

一流刑事《いちりゅうけいじ》VS．一級泥棒《いっきゅうどろぼう》
――捜査《そうさ》第一課《だいいっか》の光《ひかり》と影《かげ》

二〇二四年二月九日　第一刷発行

著者　飯塚《いいづか》　訓《さとし》
発行者　古屋信吾
発行所　株式会社さくら舎　http://www.sakurasha.com
東京都千代田区富士見一‐二‐一一　〒一〇二‐〇〇七一
電話　営業　〇三‐五二一一‐六五三三　FAX　〇三‐五二一一‐六四八一
編集　〇三‐五二一一‐六四八〇　振替　〇〇一九〇‐八‐四〇二〇六〇

装画　竹松勇二
装丁　石間　淳
印刷・製本　中央精版印刷株式会社

ISBN978-4-86581-415-6

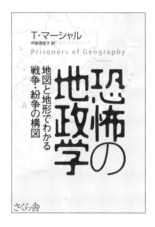